Holtkamp

Kommunale Haushaltspolitik bei leeren Kassen

Modernisierung des öffentlichen Sektors **Band 33**

Gedruckt mit freundlicher Unterstützung der Hans-Böckler-Stiftung.

Lars Holtkamp

Kommunale Haushaltspolitik bei leeren Kassen

Bestandsaufnahme, Konsolidierungsstrategien, Handlungsoptionen

edition sigma

Die ‚gelbe Reihe' »Modernisierung des öffentlichen Sektors« im Internet:
www.gelbereihe.de

Bibliografische Information Der Deutschen Nationalbibliothek

Die Deutsche Nationalbibliothek verzeichnet diese Publikation in der Deutschen Nationalbibliografie; detaillierte bibliografische Daten sind im Internet über http://dnb.d-nb.de abrufbar.

ISBN 978-3-8360-7233-5
ISSN 0945-1072

Druck: Rosch-Buch, Scheßlitz Printed in Germany

Inhalt

1 Einleitung

Der Städtetag warnt bereits im Titel des aktuellen Gemeindefinanzberichts davor, dass sich die Kommunalfinanzen im „freien Fall“ befinden (Anton/Diemert 2009). Folgt nach der internationalen Finanzkrise, dem Bankencrash nun auch der kommunale Haushaltscrash? Bezogen auf viele Problemkommunen in den alten Bundesländern und insbesondere im Ruhrgebiet kann man getrost feststellen, dass diese schon vor Jahren abgestürzt sind. Die Kassenkredite türmen sich in diesen Kommunen immer höher und in haushaltspolitischen Analysen vor zehn Jahren wurde bereits deutlich hervorgehoben, dass sie nicht mehr den rechtlich vorgeschriebenen Haushaltsausgleich aus eigener Kraft erreichen können und so unter dauerhafter Haushaltsaufsicht stehen werden (Holtkamp 2000). Das gilt heute bei den sich deutlich abzeichnenden Steuerausfällen und steigenden Sozialausgaben umso mehr und der Kreis dieser Problemkommunen wird sich in den nächsten Jahren durch die Auswirkungen der Finanzkrise und der Steuerpolitik der Bundesregierung vergrößern.

Was Kommunen und Bürger in dieser schweren Haushaltskrise tun können, wurde bisher allerdings nur in wenigen Untersuchungen und Veröffentlichungen vor dem Hintergrund der realen Rahmenbedingungen und Akteursinteressen diskutiert. Vielmehr zerfällt die Diskussion über kommunale Haushaltskonsolidierung in zwei normative Lager:

Im ersten Lager wird entschieden die „Opferthese“ (Pleschberger 2008, S. 53) vertreten. Die Kommunen sind danach unverschuldet durch Aufgabenüberwälzung höherer Ebenen und sozioökonomische Probleme in die Haushaltskrise geraten und dies gefährdet die kommunale Demokratie. Die auf die Opferthese folgende Rezeptur ist simpel: Das Haushaltsproblem ist exogen entstanden und muss deshalb auch exogen gelöst werden. Die Kommunen müssen von Bund und Ländern stärker finanziell unterstützt werden und kommunale Altschulden sollen über den Finanzausgleich oder einen Entschuldungsfonds abgedeckt werden. In diesen Aussagen treffen sich der Städtetag, Oppositionsfraktionen im Land und Bund einerseits und lokale Politikforschung und kommunale Finanzwissenschaft andererseits.

Im zweiten Lager werden die Versäumnisse und die endogenen Konsolidierungspotentiale der Kommunen hervorgehoben („Verschwendungsthese"). Die Pflicht zum Haushaltsausgleich und die stetige Aufgabenerfüllung gelten als Maxime kommunalen Handelns. Mit effizienteren Verwaltungsreformen des New Public Managements, mit eisernem Sparwillen oder mit Sparkommissaren sollen diese kommunalen Konsolidierungspotentiale ausgeschöpft werden. In diesen Chor stimmen häufig die Parteivertreter ein, wenn sie in die Regierungsverantwortung auf Landes- und Bundesebene wechseln und werden in dieser Deutung von Kommunalaufsicht, Rechtswissenschaft und betriebswirtschaftlicher Verwaltungsforschung unterstützt.

Beide Positionen führen die Kommunen in der Haushaltskrise vor Ort aber wohl nur bedingt weiter. Erstens zeichnen sich Haushaltsprobleme häufig gerade dadurch aus, dass sich endogene und exogene Ursachen meist zu komplexen Folge- und Handlungsketten verschränken, sodass die propagierten gradlinigen Lösungskonzepte kaum greifen werden. Zweitens sind Haushaltsprobleme meist Ausdruck von massiven Interessenkonflikten und ungleicher Verteilung von Machtressourcen und Handlungskapazitäten, die nicht einfach durch gut gemeinte Appelle an die Akteure oder durch verwaltungswissenschaftliche Rationalisierungskonzepte überbrückt werden können. Eine bessere Finanzausstattung für die Kommunen oder ein wirtschaftlicherer Umgang mit städtischen Haushaltsmitteln ist schnell gefordert. Aber was kann man aus den langjährigen Erfahrungen in Problemkommunen in Bezug auf diese Vorschläge lernen? Hier haben diese Rezepte auch bei konstantem Konsolidierungsdruck offensichtlich bisher nicht dazu beigetragen, dass die Verschuldungsspirale gestoppt wurde. Es gab bisher keine nennenswerte Übernahme von Altschulden, obwohl die Verschuldung in den Problemkommunen immer weiter stieg. Unklar ist deshalb, aufgrund welcher Interessen und Handlungskapazitäten Bund und Länder zu einem deutlich stärkeren finanziellen Engagement für die Kommunen motiviert werden sollten, zumal ihre eigenen Konsolidierungsprobleme in der Finanzkrise dramatisch wachsen.

Und schließlich erwiesen sich die endogenen Rezepte der normativen Verwaltungswissenschaft nicht als effizient in der Haushaltskrise: Sie trugen mit dem New Public Management offensichtlich eher zur Ausgabensteigerung und hohen Transaktionskosten als zu Einsparungen bei (Bogumil et al. 2006).

Zur Beantwortung der Frage, was Kommunen und Bürger angesichts der für längere Zeit zu erwartenden Haushaltpolitik bei „leeren Kassen“ tun und erwarten können, ist eine ungeschminkte empirische Analyse der bisherigen kommunalen Haushaltsentwicklung und Haushaltpolitik in den langjährigen Problemkommunen vorzunehmen, die zugleich die verschiedenen Handlungsoptionen und -ergebnisse unter diesen schwierigen Rahmenbedingungen herausarbeitet. Dies dürfte für die zunehmende Anzahl von Problemkommunen aus pragmatischer Sicht eher eine sinnvolle Orientierung für die vor Ort realisierbare Politik bieten.

Als Instrumentarium für diese empirische Analyse kann insbesondere auf die vergleichende Politikfeldanalyse zurückgegriffen werden, die für Bundes-, Landes- und Kommunalhaushalte immer wieder gezeigt hat, dass Haushaltsprobleme multikausal mit sozioökonomischen und institutionellen Variablen, aber auch mit Akteursinteressen, Handlungskapazitäten und -strategien zu erklären sind (Holtkamp 2007; Wagschal et al. 2009; Wenzelburger 2009). Dementsprechend können auch bei schwierigen Rahmenbedingungen erfolgreichere und weniger erfolgreiche Handlungsstrategien der kommunalen Entscheidungsträger identifiziert werden, wobei in der politikwissenschaftlichen Analyse der Konsolidierungsertrag nicht das Maß aller Dinge ist. Es gibt danach keine objektiven Grenzen für öffentliche Verschuldung, bei deren Überschreitung die Kommunalhaushalte oder die Wirtschaft „umkippen“. Diese Grenzen sind letztlich immer politisch definiert und deshalb haben sich nicht alle anderen politischen Ziele automatisch der Haushaltskonsolidierung unterzuordnen. Zudem ist auch nicht alles, was zur Haushaltskonsolidierung beiträgt, demokratisch legitim.

Gerade auf kommunaler Ebene ist der Zielkonflikt zwischen Demokratie und Effizienz bereits in der Verfassung angelegt und spaltet die oben skizzierten beiden „Lager“. Die Kommunen erfüllen im föderalen System eine Doppelfunktion. Einerseits haben sie den Vollzug zentralstaatlicher Entscheidungen zu gewährleisten und unterliegen als staatsrechtlicher Teil der Bundesländer ihrem Aufsichts- und Weisungsrecht. Aus dieser Perspektive interessieren vor allem die Effektivität und die Effizienz kommunaler Leistungen, die den Bürgern kostengünstig und stetig mit einer nachhaltigen Finanzierung zur Verfügung gestellt werden sollen. Andererseits wird von den Kommunen erwartet, dass sie die Angelegenheiten der örtlichen Gemeinschaft im Rahmen der ihnen grundgesetzlich eingeräumten Selbstverwaltungsrechte selbst regeln. Die räumliche Nähe zwischen Bürgern und kommunalen Entscheidungsträgern forciert die normative Erwartung, dass gerade auf kommunaler Ebene die Bürger stärker an politischen Entscheidungsprozessen partizipieren sollen, wie es auch in dem Postulat von der Kommune als „Grundschule der Demokratie" zum Ausdruck kommt. Ohne kommunale Handlungs- und Haushaltsspielräume macht aber demokratische Mitbestimmung keinen Sinn bzw. führt eher zu Zynismus und Politikverdrossenheit als zum Erlernen demokratischer Tugenden.

Von der Gewichtung dieser beiden Funktionen wird es auch abhängen, wie man den Maßstab für erfolgreiche kommunale Haushaltspolitik definiert. Wesentliches Ziel kann der maximale Schuldenabbau sein, kann aber auch die Akzeptanz und Beteiligung der Bürger oder der Erhalt der kommunalen Selbstverwaltung und der öffentlichen Infrastruktur gegen massive Eingriffe der Kommunalaufsicht sein. Genau diese sich hieraus ergebenden unterschiedlichen Szenarien einer Haushaltspolitik bei „leeren Kassen" sind vor Ort zu diskutieren und zu entscheiden. Die empirische Politikfeldanalyse kann hierfür nur mögliche Wege auch unter restriktiver Haushaltsaufsicht aufzeigen, mit denen diese unterschiedlichen Ziele tatsächlich erreichbar sind. Nicht mehr, aber auch nicht weniger ist das praxisbezogene Anliegen dieses Buches.

Für die Verwaltungswissenschaften soll es zudem einen komprimierten Überblick über die Haushaltsprobleme der Kommunen geben und die Ergebnisse der wesentlichen Reformkonzepte kritisch reflektieren.

Nach einer Analyse der kommunalen Haushaltsentwicklungen und der darauf folgenden empirischen Untersuchung kommunaler Reform- und Handlungsstrategien wird das Schlusskapitel deshalb auch nicht in einem normativen Appell oder einem kommunalen „Entschuldungsplan" münden. Vielmehr werden unterschiedliche, krisengetestete Handlungsstrategien für die Kommunen zur Auswahl gestellt, um damit eine Diskussion über die Möglichkeiten und die Ziele der kommunalen Haushaltspolitik bei leeren Kassen anzuregen.

Insgesamt wird sich in der Analyse zeigen, dass ähnlich wie auf Bundes- und Landesebene auch auf kommunaler Ebene die Haushaltspolitik nicht durch ökonomische Sachzwänge oder durch rechtliche Vorgaben determiniert ist, sondern hierdurch „nur" das Spielfeld vorstrukturiert (und zum Teil in Schieflage geraten) ist. Deshalb kommt es maßgeblich auch auf die Akteure und ihre Schachzüge und Bündnisstrategien vor Ort an, welchen Pfaden und Zielen die kommunale Haushaltspolitik folgt.

Dabei ist es zumeist nicht einfach, diese informellen Spielregeln und Strategien der Akteure zu erfassen, weil sie sich hinter den Fassaden scheinbar klarer Vorgaben des Haushaltsrechts und neuer Verwaltungsreformleitbilder ganz anders verhalten. Fast nirgendwo wird aufgrund der Dominanz von Verteilungsinteressen und der Komplexität des Gegenstands so viel gepokert und geschummelt wie in der Haushaltspolitik bei leeren Kassen.

Der Autor versucht diese Intransparenz durch eine Kombination aus eigenen empirischen Analysen und Praxiserfahrungen in nordrhein-westfälischen Problemkommunen wettzumachen, woraus sich auch die Fokussierung auf NRW ergibt. Die nordrhein-westfälischen Kommunen, in denen immerhin 20% der gesamtdeutschen Bevölkerung leben, eignen sich auch deshalb für eine vertiefende Analyse, weil hier schon seit mehr als einem Jahrzehnt Erfahrungen gesammelt werden konnte, wie Kommunen und Aufsicht bei nicht ausgeglichenen Haushalten und Nothaushalten als Massenphänomen reagieren. Die nordrhein-westfälischen Kommunen sind damit Vorboten einer im Zuge der aktuellen Finanzkrise auch in anderen Bundesländern zu erwartenden, defizitären Haushaltsentwicklung. Ihre empirische Analyse kann veranschaulichen, welche Rahmenbedingungen viele andere Kommunen zukünftig einzukalkulieren haben, wenn auch für sie der Haushaltsausgleich in weite Ferne rückt, die Kommunalaufsicht sich deshalb zu hierarchischen Eingriffen oder deren Androhung gezwungen sieht und somit die kommunale Haushaltspolitik nach anderen, meist schwerer durchschaubaren, Spielregeln abläuft. Auch dann wird die kommunale Selbstverwaltung nicht durch Sparkommissare oder durch den vermeintlichen Konkurs beendet, sondern die rechtlich und faktisch limitierten Ressourcen der Kommunalaufsicht engen auch bei langjährig rasant wachsenden Defiziten nur einige Handlungsspielräume ein, während sie neue Handlungsoptionen, die auf ein „Unterlaufen“ der aufsichtsbehördlichen Eingriffe abzielen, wahrscheinlicher werden lassen. Vieles ist auch dann noch durch die Kommunalpolitik entscheidbar, wie die Erfahrungen in den nordrhein-westfälischen Kommunen zeigen, und letztlich gibt es bereits rechtlich keine wirksame Handhabe der Landes- und Bundesregierungen gegen überbordende Kassenkreditaufnahme als kommunales Massenphänomen. Zugleich müssen sich die Kommunen aber auf die veränderten Spielregeln des Nothaushaltsrecht einstellen, sei es nun um eine stringente Sparpolitik umzusetzen oder durch Hintertüren, Nebelkerzen und Konsolidierungsmärchen andere politische Prioritäten – zum Beispiel den Schutz der kommunalen Daseinsvorsorge und Selbstverwaltung angesichts einer dauerhaften strukturellen Unterfinanzierung durch Bund und Länder – zu setzen. Man muss diese Regeln nur kennen und erlernen, um sich tatsächlich politisch zwischen alternativen Wegen entscheiden zu können.

2 Kommunalhaushalte in der Dauerkrise

Mit Blick auf die offizielle Finanzstatistik erschließen sich die langjährigen Haushaltsprobleme vieler Kommunen zunächst kaum. So sind Bund und Länder deutlich höher verschuldet als die über 12.000 Kommunen in Deutschland. Das Bundesfinanzministerium weist in 2008 für den Bund eine Verschuldung von 986 Mrd. Euro, für die Länder von 485 Mrd. und für die Gemeinden von 109 Mrd. Euro inklusive Kassenkredite aus.[1] Damit beträgt der Gesamtanteil der Gemeinden an der Gesamtverschuldung lediglich 7%. Auch die Analyse wesentlicher Finanzindikatoren im Zeitvergleich zeigt für die Kommunen eine vergleichsweise günstige Entwicklung (Abbildung 1). Die Nettokreditaufnahme der Kommunen bleibt fast in jedem Jahr deutlich unter dem Wert des Bundes und in den letzten Jahren bis 2008 konnte

Haushaltsindikatoren von 1992 bis 2008 (in Mrd. Euro) *Abb. 1*

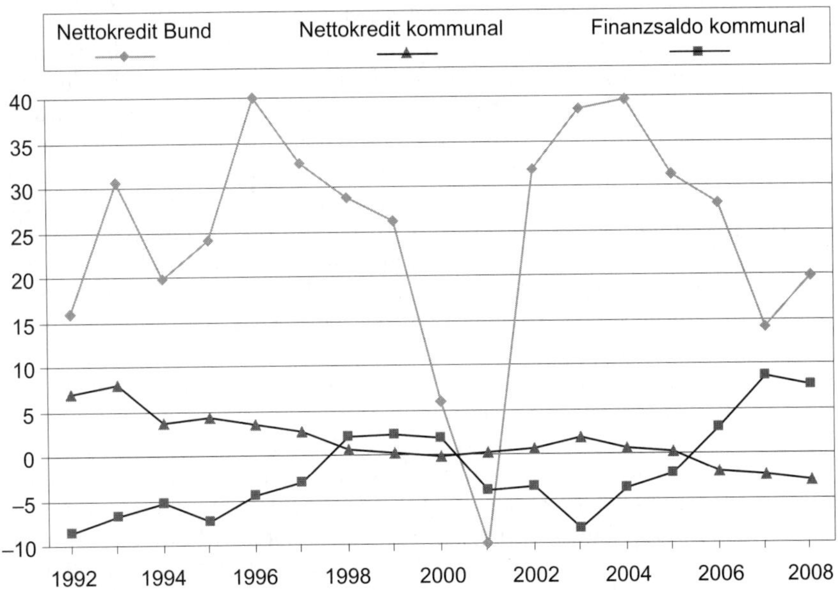

Quelle: SVR 2009; eigene Berechnungen

1 Vgl. Monatsbericht BMF November 2009, S. 93.

sogar die Verschuldung abgebaut werden. Auch der kommunale Finanzsaldo, der die Einnahmen und Ausgaben des Verwaltungs- und Vermögenshaushalts zusammenführt, weist mit Ausnahme des Krisenjahrs der Kommunalfinanzen 2003 eher einen positiven Trend auf. Auch deshalb wurde von Bundesregierungen in unterschiedlichsten parteipolitischen Koalitionen immer wieder betont, wie gut es den Gemeinden als „den reichen Verwandten" geht.

Die langjährigen Haushaltsprobleme insbesondere vieler größerer Kommunen lassen sich nur angemessen erfassen, wenn die haushalts- und kommunalaufsichtlichen Besonderheiten im Vergleich zur Bundes- und Landesregierung berücksichtigt werden. So wird in den finanzwissenschaftlichen Analysen die geringe Verschuldung der Kommunen vorwiegend darauf zurückgeführt, dass die kommunalen Kredite einer strengen Haushaltsaufsicht unterliegen. Anders als bisher noch für Bund und Länder sind die Möglichkeiten der Kommunalpolitik, Steuergeschenke oder neue Aufgaben durch Kredite zu finanzieren, äußerst begrenzt. Deshalb wird in den Analysen davon ausgegangen, dass die Kommunen die sparsamste Ebene im föderalen System sind (Wagschal 2002, S. 56; Schwarting 2006, S. 29ff.).

Zentral für die Genehmigung von Kommunalhaushalten durch die Haushaltsaufsicht ist insbesondere die Höhe der Kassenkredite und des damit zusammenhängenden Fehlbetrags im Verwaltungshaushalt. Auch nach der Umstellung vieler Kommunen von der Kameralistik auf die Doppik ist die haushaltsrechtliche Normalvorstellung immer noch davon geprägt, dass die laufenden Einnahmen im (früheren) Verwaltungshaushalt höher sein sollten als die laufenden Ausgaben, um aus diesem Überschuss einen Teil der notwendigen Investitionen finanzieren zu können (Schwarting 2010). Weist der Verwaltungshaushalt dagegen einen Fehlbetrag aus, muss diese Lücke zwischen laufenden Einnahmen und Ausgaben durch Kassenkredite abgedeckt werden. Diese Kassenkredite dürfen haushaltsrechtlich nur zur kurzfristigen Liquiditätssicherung verwendet werden und deshalb drängt die Kommunalaufsicht darauf, dass die Kassenkredite möglichst in kurzer Frist wieder abgebaut werden. Allerdings gelingt dies in vielen Kommunen schon seit Jahren nicht mehr und jedes Jahr kommen Kassenkredite zur Finanzierung der aktuellen Fehlbeträge und Zinsleistungen hinzu. Anders als den fundierten Schulden für Investitionen stehen den Kassenkrediten keine realen Werte (Schulen, Straßen, Kanalisation etc.) gegenüber. Kassenkredite sind damit im Grunde genommen nichts anderes als ein überzogenes Girokonto bzw. ein Dispo-Kredit.

2.1 Das kommunale Haushaltsproblem

In nur sieben Jahren bis zum Jahre 2006 haben sich die Kassenkredite der deutschen Kommunen bereits auf insgesamt 27,7 Mrd. Euro vervierfacht, weil die Lücke zwischen laufenden Einnahmen und Ausgaben bei einer zunehmenden Zahl von größeren Kommunen immer weiter auseinanderklafft. Für diese Kommunen führt dies unmittelbar zu Autonomieverlusten und verstärkter Beobachtung bzw. Eingriffen durch die Kommunalaufsicht.

Die Höhe der kommunalen Kassenkredite ist dennoch immer noch im Vergleich zur Verschuldung des Bundes und der Länder eigentlich nicht besonders besorgniserregend. Obwohl die Kassenkredite über Jahre in den Kommunen aufgelaufen sind, liegen sie immer noch knapp unter der durchschnittlichen Nettokreditaufnahme, die der Bund *jedes Jahr* (noch vor der Finanzkrise und den Konjunkturpaketen) sich „selbst im Bundestag genehmigt“ hat.

Die Dramatik der Kassenkreditentwicklung ergibt sich ausschließlich aus den Besonderheiten des kommunalen Haushaltsrechts und den kommunalaufsichtlichen Eingriffen. Deshalb ist die kommunale Haushaltskrise auch ein Spezialthema, das der Öffentlichkeit und auch Bundestagsabgeordneten häufig nur schwer vermittelbar ist. Allein schon deshalb ist es bei deutlich höheren Defiziten in Bund und Ländern schwer, die kommunale Haushaltskrise mit der Spezifizität der Kassenkredite auf die politische Agenda zu setzen, um damit Finanzhilfen der höheren Ebenen insbesondere für die Problemkommunen erstreiten zu können.

In Nordrhein-Westfalen, das für viele Bundesländer als Vorbild fungierte, sind zunächst zwei Sanktionsstufen der Kommunalaufsicht bei Städten mit höheren Kassenkrediten zu unterscheiden (vgl. differenziert nach Bundesländern Geißler 2009).

Kann der Verwaltungshaushalt nicht ausgeglichen werden, verstößt die Kommune gegen das in den Kommunalverfassungen verankerte Gebot des Haushaltsausgleichs und muss in NRW ein Haushaltssicherungskonzept aufstellen. In diesem Haushaltssicherungskonzept ist verpflichtend der Zeitraum festzulegen, innerhalb dessen der Ausgleich des Verwaltungshaushalts wieder erlangt wird und die Kassenkredite abgebaut sind. Von den insgesamt 427 kreisangehörigen und kreisfreien Kommunen sowie Kreisen in NRW sind Ende 2006 schon 196 in der Haushaltssicherung.

Die Aufsichtsbehörde kann darüber hinaus das Haushaltssicherungskonzept (und damit auch den Haushalt insgesamt) in Nordrhein-Westfalen nicht genehmigen. Damit fallen die Gemeinden mit nicht genehmigtem Haushaltssicherungskonzept unter die Bestimmungen zur vorläufigen Haushaltsführung (das sog. Nothaushaltsrecht). Bei der vorläufigen Haushaltsführung kann die Kommune beispielsweise nur einen Bruchteil der langfristigen Investitionskredite des Vorjahres aufnehmen, um notwendige Investitionsmaßnahmen durchführen zu können. Zugleich dürfen auch keine neuen freiwilligen Aufgaben in den Haushalt einfließen. Das Haushaltssicherungskonzept wird in der Regel nicht genehmigt, wenn in der Prognose für die nächsten fünf Jahre am Ende nicht nachgewiesen werden kann, dass der originäre[2] Fehlbetrag auf Null gefahren werden kann. Allein in NRW waren Ende 2006 schon 114 Kommunen im Nothaushaltsrecht, also mehr als 25% der nordrhein-westfälischen Kommunen hatten keinen genehmigten Haushalt. Damit wurde das Nothaushaltsrecht in den nordrhein-westfälischen Mittel- und Großstädten zum Normalfall.

Auch nach der Einführung der Doppik in den Kommunalverfassungen hat sich an dem Krisenindikator der Kassenkredite (bzw. nach Doppik „Kredite zur Liquiditätssicherung" genannt) und den an nicht ausgeglichene Haushalte geknüpften Sanktionsstufen der Kommunalaufsicht wenig geändert. Der Ergebnishaushalt enthält wie der frühere Verwaltungshaushalt die laufenden Einnahmen und Ausgaben eines Jahres, im Wesentlichen ergänzt durch die bilanziellen Abschreibungen und Rückstellungen für Pensionszahlungen. Auch der Ergebnishaushalt sollte ausgeglichen sein bzw. der Ausgleich sollte kurz- bis mittelfristig unter Einbeziehung von Haushaltssicherungskonzepten wiedererlangt werden. Als „zweite Warnlampe" für die Kommunalaufsicht dient die Entwicklung des Eigenkapitals (Faber 2006, S. 683). Bei negativem Eigenkapital – beispielsweise durch eine fortwährende Aufzehrung durch Defizite im Ergebnishaushalt –

2 Der originäre Fehlbetrag enthält die Bilanz der Ausgaben und Einnahmen im Verwaltungshaushalt des aktuellen Haushaltsjahres, wobei die Abdeckung von Altfehlbeträgen schon nicht mehr berücksichtigt wird.

gelten die Kommunen als überschuldet. Aber eine Überschuldung ist im neuen Haushaltsrecht „ausdrücklich untersagt" (Schwarting 2006, S. 39). Allerdings hat das Innenministerium NRW aus guten Gründen bereits in den aktuellen Leitfäden für die Aufsichtsbehörden Verfahren skizziert[3], wie mit Kommunen mit (drohender) Überschuldung zu verfahren ist. Bei ihnen soll das Nothaushaltsrecht besonders restriktiv ausgelegt werden. Großstädte, wie Hagen, Duisburg und Oberhausen, weisen bereits Mitte 2009 ein negatives Eigenkapital aus. Die hohen Zinsleistungen für die aufgetürmten Kassenkredite dürften jedes Jahr zu einer weiteren „Vermehrung" des negativen Eigenkapitals führen.

Zusammenfassend lässt sich feststellen, dass steigende Kassenkredite auf das zentrale Problem vieler Kommunen hinweisen, die strukturell weniger einnehmen als ausgeben und deshalb häufig einer strengeren Kommunalaufsicht unterliegen. Zugleich sind die massiven Folgen der Ausweisung von Kassenkrediten aber nur ein Spezialthema von kleinen Fachöffentlichkeiten. Bei bereits schon geringer Aufmerksamkeit des Pressemarktes für das allgemeine Thema der Staatsverschuldung ist die spezielle Problematik der kommunalen Kassenkredite kaum massenmedial vermittelbar. Regierungshandeln, das diese Problematik erheblich verschärft, wird deshalb nur bedingt durch eine aufmerksame Medienöffentlichkeit sanktioniert (vgl. allgemein Rehm/Matern-Rehm 2010, S. 165f.). Die politischen Kosten für Aufgabenüberwälzung und strukturelle Unterfinanzierung von Kommunen sind deshalb für Bundes- und Landesregierungen vergleichsweise gering. Zugleich können sich Berufspolitiker kaum durch grundlegende Reformen des Gemeindefinanzsystems öffentlich profilieren, während sie fraktionsintern mit solchen Reformvorschlägen in der Regierungsverantwortung ganz erhebliche Konflikte mit Haushalts- und Fachpolitikern in Bund und Ländern riskieren. Reformbereitschaft zahlt sich also im Politikfeld „Finanzausgleich" nicht aus und deshalb füllen finanzwissenschaftliche Erörterungen über eine höhere und gerechtere kommunale Finanzausstattung zwar ganze Bibliotheken, aber finden seit Jahrzehnten keinen Niederschlag in der Gesetzgebung. Wissenschaftlich weitgehend unumstritten ist so zwar seit vielen Jahren, dass nicht wenige Kommunen in allen Bundeslän-

3 Vgl. Innenministerium NRW 2009: Maßnahmen und Verfahren zur Haushaltssicherung 6.3.09; download unter: www.im.nrw.de.

dern strukturell unterfinanziert sind und die extremen intertemporalen und regionalen Schwankungen der Gewerbesteuer sicherlich kein angemessenes Fundament für die grundgesetzlich garantierte kommunale Selbstverwaltung bieten können, aber diese Erkenntnisse bleiben folgenlos, weil es aufgrund fehlender „politischer Anreize", unabhängig von den jeweiligen parteipolitischen Mehrheiten, nicht genügend Promotoren für eine strukturelle Reform des Gemeindefinanzsystems gibt. Grundsätzliche Reformen der föderalen Aufgaben- und Finanzverteilung, die die Kommunen nachhaltig besser stellen, sind deshalb zukünftig selbst aus Sicht der normativen Finanzwissenschaft „wenig wahrscheinlich" (Rehm/Matern-Rehm 2010, S. 97), so dass auf eine vertiefende Diskussion dieser Modelle aus pragmatischen Gründen verzichtet werden kann.

2.2 Entwicklung und Disparitäten kommunaler Haushaltsdefizite

Die extrem steigenden kommunalen Kassenkredite der letzten Jahre sind zu einem erheblichen Anteil auf die expansiven Sozialausgaben zurückzuführen. Diese sind weitgehend exogen begründet. Größere Steigerungsraten waren in den letzten Jahren insbesondere bei den Kosten für die Grundsicherung im Alter, bei Unterkunftskosten für Langzeitarbeitslose und bei Ausgaben für die Jugendhilfe inklusive Kinderbetreuung zu verzeichnen, die häufig auch auf höhere verpflichtende Standards durch Bund und Länder zurückzuführen sind. In Abbildung 2 wird deutlich, dass die Sozialausgaben in den deutschen Kommunen von 2002 bis 2008 um knapp 40% gestiegen sind. Demgegenüber fällt der Zuwachs bei den Personalausgaben als kommunal gestaltbare Größe sehr moderat aus und ist auf exogen bedingte Tarifsteigerungen zurückzuführen. Zugleich haben die Kommunen die Investitionen als kurzfristig stark gestaltbare Größe des Vermögenshaushalts zurückgeführt, was auf erhebliche kommunale Konsolidierungsleistungen hinweist.

Allerdings sind von der kommunalen Haushaltskrise nicht alle Bundesländer im gleichen Maße betroffen. Während in NRW die Finanzierung der Kommunen über Kassenkredite ein Massenphänomen schon vor dem Einsetzen der Finanzkrise war, hatten die Kommunen in einigen anderen Bundesländern kaum gravierende Haushaltsprobleme. Die Verteilung der kommunalen Kassenkredite pro Einwohner, gruppiert nach Bundesländern, ver-

Entwicklung wesentlicher kommunaler Ausgabenblöcke in den alten Bundesländern *Abb. 2*

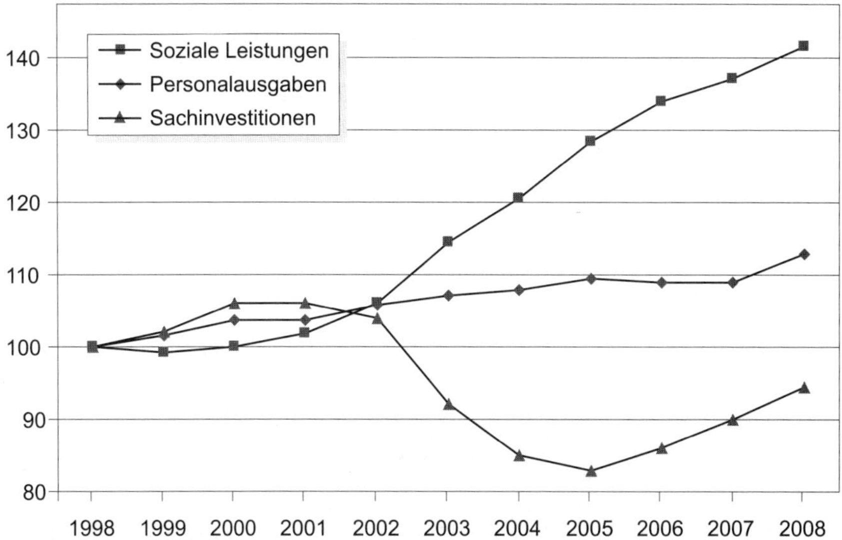

Quelle: BMF 2009: Eckdaten zur Entwicklung und Struktur der Kommunalfinanzen 1999 bis 2008; eigene Berechnungen der Index-Werte; 1998=100.

Kassenkredite der Kommunen pro Einwohner, 2000 u. 2007, gruppiert nach Bundesländern (in Euro pro Einwohner) *Abb. 3*

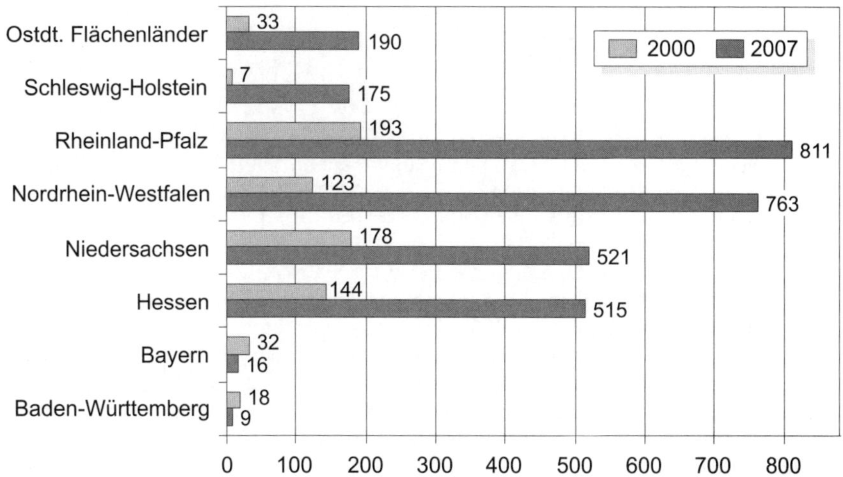

Quelle: Junkernheinrich/Micosatt 2008

deutlicht, dass die baden-württembergischen und bayerischen Kommunen auch noch 2007 durchschnittlich keine gravierenden Haushaltsprobleme zu bilanzieren hatten. Selbst die Gemeinden in den ostdeutschen Bundesländern haben durchschnittlich noch relativ niedrige Kassenkredite zu verzeichnen. Sehr problematisch ist die kommunale Haushaltslage durchschnittlich insbesondere in Rheinland-Pfalz und Nordrhein-Westfalen, wobei sich die Kassenkredite in Rheinland-Pfalz fast ausschließlich auf die wenigen kreisfreien Städte konzentrieren.[4]

Auch die Spitzenreiterkommunen mit den höchsten Kassenkrediten liegen nicht in Ostdeutschland oder Baden-Württemberg und Bayern, sondern vorwiegend in Rheinland-Pfalz und insbesondere in Nordrhein-Westfalen.[5]

Abb. 4 Einnahmen und Ausgaben 2007 pro Einwohner im Bundesländervergleich (in Euro)

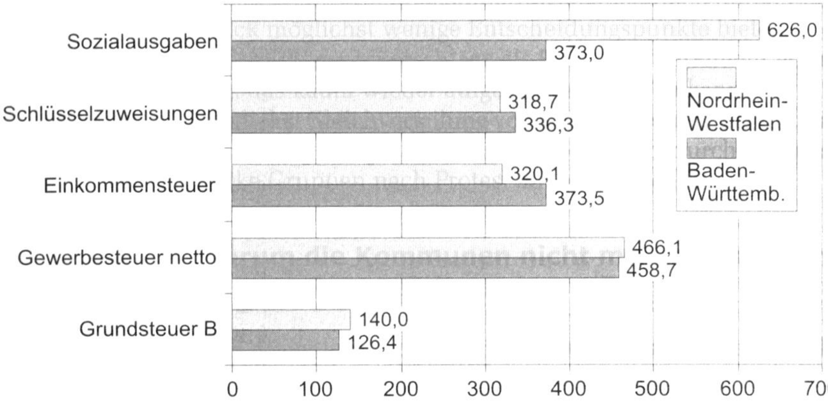

Quelle: Sozialausgaben pro Einwohner entnommen aus BMF 2009: Eckdaten zur Entwicklung und Struktur der Kommunalfinanzen 1999 bis 2008; die anderen Werte wurden errechnet anhand: Statistisches Bundesamt 2009: Jahresrechnungsergebnisse kommunaler Haushalte 2007, Fachserie 14, Reihe 3.3.

4 Das Saarland mit noch höheren kommunalen Kassenkrediten wurde aufgrund der geringen Anzahl der Kommunen aus der Analyse ausgeklammert.

5 28 Kommunen haben über 2000 Euro Kassenkredite pro Einwohner in 2007: Bundesdeutscher Spitzenreiter ist Oberhausen mit 4990, gefolgt von Kaiserslautern mit 3887 und Cuxhaven mit 3824 Euro pro Einwohner. In diesem kleinen Club von 28 Kommunen über 2000 Euro befinden sich 2007 noch folgende NRW-Städte: Hagen, Herne, Waltrop, Werl, Essen, Wuppertal, Solingen, Remscheid, Duisburg, Mönchengladbach; vgl. Angaben der Bertelsmann-Stiftung.

Eine erste Erklärung für diese Unterschiede zwischen den alten Bundesländern ist, dass in vielen NRW-Großstädten mit problematischer Sozialstruktur deutlich höhere Sozialausgaben anfallen als beispielsweise in Baden-Württemberg (Heinemann et al. 2009, S. 80). So wird in Abbildung 4 deutlich, dass die Sozialausgaben pro Einwohner 2007 in nordrhein-westfälischen Kommunen deutlich höher sind als in Baden-Württemberg, während die frei verfügbaren, laufenden Einnahmen auf ähnlichem Niveau rangieren.

Diese Erklärung kann allerdings nicht für die ostdeutschen Kommunen angeführt werden, die ähnlich hohe Sozialausgaben pro Einwohner wie die nordrhein-westfälischen Kommunen zu verzeichnen haben. Entscheidender ist hier die Einnahmenstruktur. Die ostdeutschen Kommunen erhalten deutlich höhere Schlüsselzuweisungen und andere Landeszuweisungen, die die geringeren Steuereinnahmen kompensieren (Anton/Diemert 2009). Zwischen 1990 und 2005 erhielten die ostdeutschen Kommunen durchschnittlich im Jahr 1180 Euro pro Einwohner als Landeszuweisungen. In den westdeutschen Kommunen war es in diesem Zeitraum durchschnittlich weniger als die Hälfte. Insgesamt hatten die Landeszuweisungen in dieser Periode einen Anteil von 29% an den Gesamteinnahmen westdeutscher Kommunen. Für die ostdeutschen Kommunen waren es 56% (Freitag/Vatter 2008, S. 215), wodurch insgesamt die kommunale Finanzsituation in Ostdeutschland etwas homogener ausfällt.

Die hohen Zuweisungen ostdeutscher Kommunen begründen damit derzeit noch eine verlässlichere Finanzierungsgrundlage als beispielsweise die für die alten Bundesländer bedeutenderen Gewerbesteuereinnahmen, die extreme intertemporale und interkommunale Schwankungen zu verzeichnen haben (Schwarting 2010, S. 52). Auch die kommunalen Einkommensteueranteile sind in den letzten Jahren nicht nur durch konjunkturelle Schwankungen, sondern auch durch Steuerreformen und die Rechtsprechung des Bundesverfassungsgerichts nur schwer kalkulierbar.

Insgesamt ist den ostdeutschen Kommunen auch bei problematischer Sozialstruktur bisher durchschnittlich eine solidere Einnahmebasis als den nordrhein-westfälischen Problemkommunen garantiert. Dass diese Problemkommunen über die Leistungen für den Aufbau Ost die ostdeutschen Kommunen über Jahrzehnte pauschal mitfördern, hat zudem nicht unerheblich die Kassenkredite in den nordrhein-westfälischen Kommunen erhöht (Junkernheinrich et al. 2009a, S. 63f.). Inhaltlich ist deshalb die Aufbauhilfe Ost in NRW-Kommunen kaum vermittelbar, die bis 2019 politisch festgelegt sein dürfte. Zugleich wird in finanzwissenschaftlichen Untersuchungen davon ausgegangen, dass in einigen ostdeutschen Kommunen diese durch extrem hohe Zuweisungen bedingten „Fehlanreize" zu höheren Standards, höherem Personalstand und einer überdimensionierten Infrastruktur (hohe „Spaßbaddichte") führen. Die Folgekosten von Investitionsentscheidungen und Personaleinstellungen werden bei hohen Zuwendungen in Ostdeutschland teilweise zu wenig berücksichtigt. Angesichts von massivem Bevölkerungsrückgang und bald rückläufigen Transfers aus Westdeutschland dürfte dies zukünftig kaum finanzierbar sein (ifo Institut 2007). In aktuellen Jahresberichten der Rechnungshöfe wird deutlich hervorgehoben, dass die Kommunen in Ostdeutschland, auch wenn man den Einfluss von kommunalen Unternehmen in privater Rechtsform, von unterschiedlichen Trägerstrukturen bei der Kinderbetreuung und von kommunalen ABMs konstant hält, durchschnittlich personell immer noch deutlich besser ausgestattet sind als die Kommunen in den alten Bundesländern. Spitzenreiter sind die Kommunen in Sachsen-Anhalt mit 13,3 Vollzeitbeschäftigten pro 1000 Einwohner in der Kommunalverwaltung. Die Kommunen der finanzschwachen alten Bundesländer weisen demgegenüber nur einen Vergleichswert von 10,5 Vollzeitkräften pro 1000 Einwohner auf.[6]

Das Diagramm zum Stand der Kassenkredite pro Einwohner in NRW (Abbildung 5) verdeutlicht, dass nicht alle nordrhein-westfälischen Großstädte von der Haushaltskrise betroffen sind, sondern auch innerhalb der alten Bundesländer erhebliche Disparitäten zu konstatieren sind. In Düsseldorf und Münster müssen bei hohen Steuereinnahmen die Kommunen keinen Fehlbetrag und damit kein Haushaltssicherungskonzept ausweisen und können deshalb auf die Aufnahme von Kassenkrediten gänzlich verzichten. Demgegenüber sind die über Jahre aufgelaufenen Kassenkredite beispielsweise in Oberhausen schon fast zehnmal so hoch wie die dortigen Steuereinnahmen eines Jahres. Während die Kassenkredite haushaltsrechtlich nur zur Überwindung kurzfristiger Liquiditätslücken bis zur Erreichung des Haushaltsausgleichs gedacht sind, werden sie dauerhaft und damit nach herrschender juristischer Auffassung rechtswidrig zur Finanzie-

6 Vgl. Rechnungshof des Freistaates Sachsen 2008: Jahresbericht 2008, S. 292.

rung der laufenden Ausgaben verwendet (Heinemann et al. 2009, S. 49).

Die Stadt Oberhausen müsste beispielsweise zehn Jahre lang ihre Steuereinnahmen nicht für laufende Personal- und Sachausgaben, sondern ausschließlich zur Defizitabdeckung verwenden, um den kommunalrechtlich geforderten Abbau der „kurzfristigen" Kassenkredite zu realisieren. Da die hierfür nötige betriebsbedingte Kündigung großer Teile des Verwaltungspersonals und die Streichung von einklagbaren Transferleistungen rechtlich und politisch nicht realisierbar sind, werden sich hier – wie in vielen anderen nordrhein-westfälischen Kommunen – jährlich die Kassenkredite allein schon aufgrund der zu zahlenden hohen Zinsen bei sehr geringen Steuereinnahmen weiter erhöhen. So haben sich in Oberhausen von 2000 bis 2008 die jährlich zu zahlenden Zinsleistungen um 63,5% auf nunmehr 60,2 Mio. Euro erhöht. In der zweiten Problemkommune Hagen, die noch näher im sechsten Kapitel im Zusammenhang mit der Entsendung von beratenden Sparkommissaren analysiert wird, haben sich die Zinsleistungen in demselben Zeitraum sogar um

Nordrhein-westfälische Spitzenreiter bei den Kassenkrediten pro Einwohner in 2008 (in Euro) *Abb. 5*

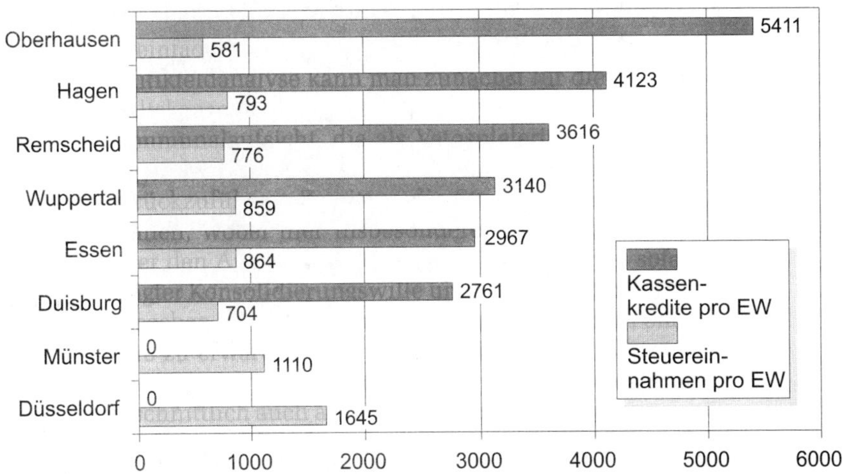

Quelle: Kassenkredite der Großstädte nach LDS 2009; Steuereinnahmen etc. LDS 2006: Statistik regional; eigene Berechnungen: Als Steuereinnahmen wurden die Grundsteuer B, die Einkommensteuer und die Gewerbesteuer (abzügl. Gewerbesteuerumlage) als die wesentlichen kommunalen Steuern berücksichtigt.

204 Prozent auf nunmehr 52,8 Mio. Euro erhöht.[7] Diese „Erblasten" der Zinsleistungen für aufgehäufte Kassenkredite führen dazu, dass relativ unabhängig von zukünftigen Konsolidierungsanstrengungen und konjunkturellen Entwicklungen die fiskalische Abwärtsspirale in den Problemkommunen vorgezeichnet ist. Allein schon aufgrund dieser Erblasten sind zukünftig „strukturschwache Kommunen in einer Vergeblichkeitsfalle" (Junkernheinrich 2009, S. 17).

Ein detaillierterer Blick auf diese nordrhein-westfälischen Spitzenreiter bei den Kassenkrediten zeigt insbesondere den Einfluss der Gewerbesteuereinnahmen, die trotz sehr hoher Hebesätze besonders stark in den Problemkommunen zurückfallen. Kann Oberhausen lediglich auf Gewerbesteuereinnahmen von 200 Euro pro Einwohner im Jahre 2006 verweisen, sind es in Düsseldorf über 1000 Euro je Einwohner. Auch ist in diesen Kommunen die Arbeitslosenquote deutlich höher als beispielsweise in Münster und das in den Städten insgesamt erwirtschaftete Bruttoinlandsprodukt fällt deutlich ab (vgl. Tabelle 1).

Tab. 1 Nordrhein-westfälische Kommunen im Detailvergleich

	Kassenkredite pro EW	Arb.-losenquote	Bruttoinlandsprodukt pro EW	Grundsteuer B pro EW	Gewerbesteuer pro EW	Einkommensteuer pro EW	Hebesatz: Grundsteuer B	Hebesatz: Gewerbesteuer
Oberhausen	**5411**	**16,2**	**20594**	**139,5**	**200,8**	**240,7**	**505**	**470**
Hagen	4123	15,0	27166	152,0	378,7	262,4	495	450
Remscheid	3616	12,7	28326	146,0	328,4	301,7	460	450
Wuppertal	3140	16,7	26186	158,4	410,7	289,8	490	440
Essen	2967	18,2	33446	159,5	422,5	281,8	510	470
Duisburg	2761	19,2	26533	134,1	344,2	225,2	500	470
Münster	0	9,9	38377	155,8	642,8	311,3	420	440
Düsseldorf	**0**	**13,5**	**63572**	**242,0**	**1061,3**	**341,6**	**465**	**450**

Quelle: LDS 2009; Steuereinnahmen etc. LDS 2006 Statistik regional; eigene Berechnungen: Als Steuereinnahmen wurden mit der Grundsteuer B, der Einkommensteuer und der Gewerbesteuer (abzüglich Gewerbesteuerumlage) die wesentlichen Steuern berücksichtigt. – „pro EW" = pro Einwohner.

7 Vgl. Finanzwirtschaftliche Kennziffern der Städte des Ruhrgebiets und des Bergischen Landes 2000 bis 2008/2009. Ms.

Für diese Problemkommunen wird im aktuellen Gemeindefinanzbericht ein seit Jahren beobachtbarer Teufelskreis konstatiert:

> „Die Kombination aus geringer Wirtschaftskraft und hoher Arbeitslosigkeit führt zu geringen Einnahmen bei gleichzeitig überdurchschnittlich hohen Pflichtausgaben. Die dadurch erzwungenen Einschränkungen bei den freiwilligen Leistungen führen in der Zukunft zu höheren Sozialleistungen sowie aufgrund der niedrigeren Attraktivität für die Bürger und Unternehmen allgemein zu schlechteren Bedingungen bei dem Anwerben von Unternehmen. Hieraus resultieren ebenfalls geringere zukünftige Steuereinnahmen und höhere Sozialausgaben. Dieser Teufelskreis kann von einer einzelnen Stadt ohne Hilfe von außen kaum durchbrochen werden" (Anton/Diemert 2009, S. 18).

Allerdings ist bei dieser Analyse auch zu berücksichtigen, dass die Steuerausfälle in den nordrhein-westfälischen Problemkommunen durch höhere Schlüsselzuweisungen des Landes im Vergleich zu Münster und Düsseldorf teilweise kompensiert werden. Die gerade in den Problemkommunen zusätzlich stark gestiegenen Sozialausgaben werden aber durch den kommunalen Finanzausgleich kaum noch abgedeckt, sodass in statistischen Analysen nordrhein-westfälischer Kommunen immer wieder nachgewiesen wurde, dass die Kassenkredite bzw. die Ausweisung von Haushaltssicherungskonzepten im signifikanten Maße mit der Arbeitslosen- und Sozialhilfeempfängerquote sowie mit der Gemeindegröße korrelieren (Holtkamp 2000). Mit zunehmender sozialer Belastung und Gemeindegröße steigen die Kassenkredite im interkommunalen Vergleich an (Junkernheinrich et al. 2009a, S. 63f.). Dennoch zeigt sich in multivariaten Analysen, dass der Einfluss von Sozialindikatoren auf die Ausweisung von Kassenkrediten in NRW durchaus begrenzt ist (Heinemann et al. 2009, S. 94f.; Holtkamp 2000, S. 290). Der Erklärungsbeitrag sozioökonomischer Variablen für die Höhe der Kassenkredite fällt also geringer aus, als es in der eingangs skizzierten „Opferthese" postuliert wird.

Auch bei ähnlicher sozioökonomischer und institutioneller Ausgangslage in NRW variieren die Haushaltsergebnisse zwischen den Kommunen erheblich, was vor allem auf die Relevanz der kommunalen Entscheidungsprozesse als Erklärungsvariable für Haushaltsdefizite hindeutet (Junkernheinrich et al.

2007[8]; Holtkamp 2007). Ein nicht unerheblicher Teil der Kassenkredite dürfte also in einigen Kommunen auch „hausgemacht" – also von den kommunalen Akteuren selbst zu verantworten – sein. Diese endogenen Faktoren sind nicht nur für eine wissenschaftliche Ursachenanalyse zentral, sondern auch für die kommunale Praxis können sich hieraus wichtige Hinweise ergeben, weil damit ein Teil der Haushaltsdefizite auch kommunal gestaltbar ist.

2.3 Aktuelle Prognosen und Entwicklungen

In den aktuellen Prognosen des Städtetags, die sich auf die Daten des Arbeitskreises Steuerschätzung vom November 2009 stützen und auch die Auswirkungen des Wachstumsbeschleunigungsgesetzes von Dezember 2009 miteinberechnen, wird von einem durchgängigen Rückgang der kommunalen Steuereinnahmen ausgegangen. Im Vergleich zu 2008 soll sich danach die Gewerbesteuer um gut 20% und der kommunale Anteil an der Einkommenssteuer um gut 16% reduzieren (vgl. Abbildung 6). Zugleich steigen die Sozialausgaben weiterhin erheblich und auch die Personalausgaben werden aufgrund der erwartbaren Tarifsteigerungen deutlich erhöht. Die Schere zwischen laufenden Einnahmen und Ausgaben klafft immer weiter auseinander, was zu dementsprechend negativen Finanzierungssalden und steigenden Kassenkrediten nicht nur in den bisherigen Problemkommunen führen wird. Die Entwicklung in den Folgejahren wird ebenfalls negativ eingeschätzt, wobei das Ausmaß der Haushaltskrise zentral davon abhängen wird, ob nach dem Wachstumsbeschleunigungsgesetz die schwarz-gelbe Koalition ihre massiven Steuersenkungsprogramme weiter fortsetzen wird und wie stark die Finanzkrise auf dem Arbeitsmarkt durchschlagen wird. Positiv ist lediglich die Zunahme der kommunalen Ausgaben für

8 In dieser von der Bertelsmann Stiftung finanzierten Studie kommt der Finanzwissenschaftler Martin Junkernheinrich sogar zu dem Ergebnis, dass kaum gemeinde- oder raumtypenspezifische Ursachen für die kommunale Gesamtverschuldung identifiziert werden können. Hierbei ist allerdings zu berücksichtigen, dass hier die Kassenkredite nicht gesondert untersucht werden und die einbezogenen hohen Investitionskredite eher auf „reiche" Städte hindeuten, weil nur diese frei von den Restriktionen der Kommunalaufsicht ihren Vermögenshaushalt kreditfinanzieren können. Bei der späteren gesonderten Untersuchung der Kassenkredite zeigt sich demgegenüber schon ein signifikanter Einfluss sozialer Belastungsfaktoren (Junkernheinrich et al. 2009a: 63f.).

Prognostizierte prozentuale Veränderungen ausgewählter Ausgaben und Einnahmen in deutschen Kommunen von 2008 bis 2010 *Abb. 6*

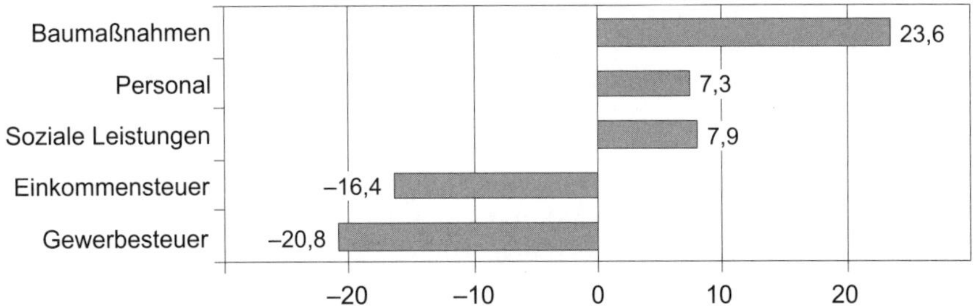

Quelle: Städtetag 2.2.2010: Kommunalfinanzen 2008 bis 2010 – Prognose der kommunalen Spitzenverbände, Berlin. Eigene Berechnungen

Baumaßnahmen in der derzeitigen Krise zu bewerten, die auf hohe zweckgebundene Investitionszuweisungen über die Konjunkturpakete des Bundes zurückgeführt werden können. Trotz kommunaler Haushaltskrise wird mehr investiert, was wirtschaftspolitisch sicherlich gewünscht ist, aber haushaltspolitisch die Kommunen in Bezug auf das zentrale Problem der steigenden Kassenkredite im Verwaltungshaushalt kaum weiterführt. Der Bund kann bei einer 2010 angestrebten Neuverschuldung von ca. 100 Mrd. Euro guten Gewissens darauf verweisen, dass er mit den Konjunkturpaketen bereits im außergewöhnlichen

Haushaltsergebnisse im dritten Quartal 2008 und 2009 (in Mrd. Euro) *Abb. 7*

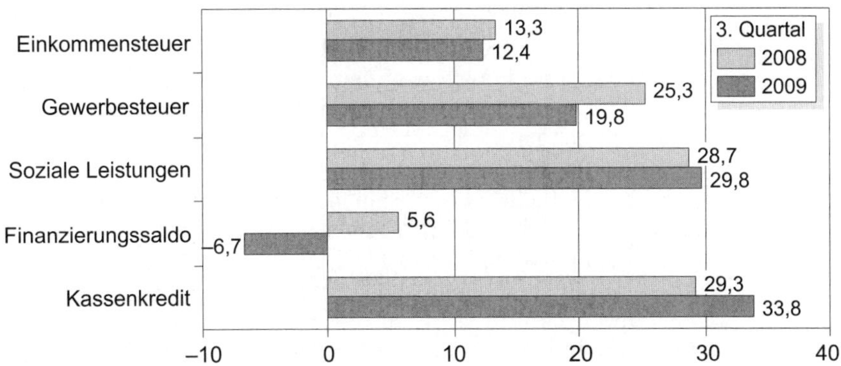

Quelle: Vierteljährliche Kassenergebnisse der kommunalen Haushalte; Statistisches Bundesamt.

Maße die Kommunen unterstützt hat, was Verhandlungen über neue, außergewöhnlich hohe Zuweisungen (diesmal für die Defizite im Verwaltungshaushalt) sicherlich nicht erleichtern wird.

Die aktuell vorliegenden Haushaltsergebnisse des 3. Quartals 2009 weisen im Vergleich zum 3. Quartal 2008 vor allem einen extremen Einbruch bei den Gewerbesteuereinnahmen aus. Die Gewerbesteuereinnahmen gehen in nur einem Jahr um 5,5 Mrd. Euro zurück. Dies ist ein Rückgang um bereits 22%, so dass bis 2010 der Rückgang noch höher ausfallen könnte als prognostiziert. Das Finanzsaldo hat sich von einem Überschuss von 5,6 Mrd. Euro in 2008 schlagartig in ein Defizit von 6,7 Mrd. Euro im dritten Quartal 2009 verwandelt. Die Kassenkredite haben von einem hohen Ausgangsniveau noch mal um 4,5 Mrd. Euro zugelegt. Für 2010 rechnen die kommunalen Spitzenverbände mit einem bisher einzigartigen, negativen Finanzierungssaldo von –12 Mrd. Euro. Das liegt noch deutlich über dem negativen Finanzierungssaldo im Krisenjahr 2003 (–8,4 Mrd. Euro).

Allerdings verläuft die Entwicklung der Kassenkredite in den Regionen auch in der aktuellen massiven Haushaltskrise bisher durchaus unterschiedlich. In den neuen Bundesländern ist 2008 und 2009 ein deutlicher Abbau der Kassenkredite zu verzeichnen (vgl. Abbildung 8). Im dritten Quartal 2009 haben die Gemeinden und Gemeindeverbände in den neuen Bundesländern so durchschnittlich einen Kassenkredit von insgesamt nur 163 Euro pro Einwohner zu verzeichnen. Das andere Extrem bilden, wie erwartet, die Gemeinden und Gemeindeverbände im Ruhrgebiet. Hier beträgt der Kassenkredit pro Einwohner in 2009 durchschnittlich 1910 Euro und steigt kontinuierlich an. Dabei liegt allerdings im 3. Quartal 2009 der Zuwachs schon höher als 2008, wobei das Ruhrgebiet noch von dem extrem niedrigen Zinssatz profitieren kann. Normalisiert sich der Zinssatz in den nächsten Jahren wieder, werden die kurzfristig aufzunehmenden Kassenkredite allein durch diesen Zinseffekt weiter nach oben schnellen.

Am deutlichsten ist die Finanzkrise 2009 in den NRW-Kommunen außerhalb des Ruhrgebiets angekommen. Sowohl in den kreisfreien als auch in den kreisangehörigen Kommunen sind erhebliche Steigerungsraten bei den Kassenkrediten zu verzeichnen. Durchschnittlich liegen hier im dritten Quartal 2009 die Kassenkredite pro Einwohner bei 530 Euro. Auch in den anderen alten Bundesländern ist 2009 ein deutlicher Anstieg der Kassenkredite zu verzeichnen. Allerdings liegt hier der Kassen-

Prozentuale Veränderung der Kassenkredite 2007 bis 2009 nach Regionen *Abb. 8*

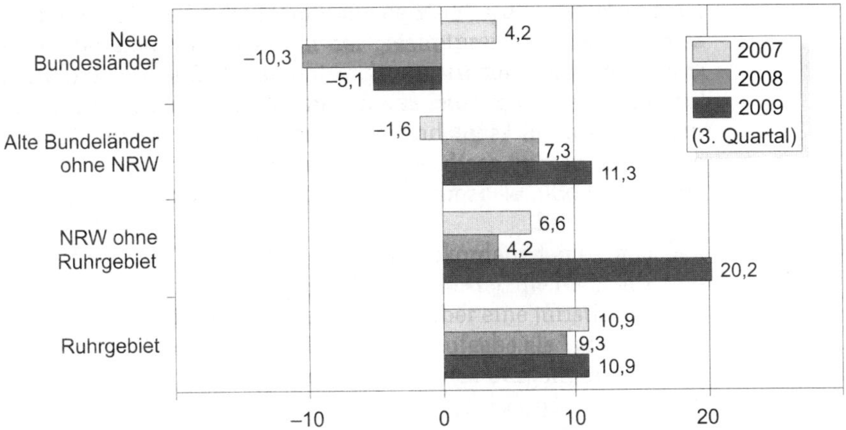

Quelle: Landtag NRW Dr. 14/10577; Antwort der Landesregierung v. 22.1.2010; Eigene Berechnungen auf der Grundlage der Kassenkredite pro Einwohner.

kredit pro Einwohner im dritten Quartal 2009 immer noch „nur“ bei 331 Euro. Diese sich hier abzeichnende Entwicklung, die sich zumindest 2010 auch außerhalb des Ruhrgebiets für die Kommunen in den alten Bundesländern fortsetzen wird, spricht insgesamt dafür, dass immer mehr Kommunen ihre Haushalte nicht ausgleichen werden können und deshalb unter verschärfter Kommunalaufsicht stehen werden. Allerdings ist die durchschnittliche Ausgangslage außerhalb NRWs bei den Kassenkrediten sicherlich nicht aussichtslos, so dass durch starke Konsolidierungsanstrengungen in vielen Kommunen noch die Haushaltskrise erfolgreich gemeistert werden kann, falls nicht weitere massive Steuersenkungsprogramme ohne Finanzausgleich und dauerhafte, negative Arbeitsmarkteffekte der Finanzkrise hinzukommen.

Die zu erwartende zunehmende regionale Spaltung der Haushaltsentwicklung und damit der politischen Handlungsspielräume (mit gänzlicher Abkoppelung des Ruhrgebiets) wird kaum noch mit dem Postulat der „Einheitlichkeit der Lebensverhältnisse“ und der „unitaristisch akzentuierten politischen Kultur“ (Rehm/Matern-Rehm 2010, S. 32) vereinbar sein. Aber aus diesen sich abzeichnenden Legitimationsproblemen folgt nicht automatisch ein Handlungsbedarf für die politischen Akteure und sicherlich nicht zwingend ein problemlösendes Regierungshandeln. Gerade die Komplexität der kommunalen Haushalte im Zuge einer zunehmenden Politikverflechtung eröffnet, wie im sechsten Kapitel noch am Beispiel von beratenden Sparkommissaren in Ruhrgebietskommunen gezeigt wird, einen erheblichen Spielraum für symbolische Politik. Einfache Problemlösungen werden hierbei erfolgreich der Öffentlichkeit „vorgespielt", während hinter den Kulissen die Kassenkredite immer weiter aus dem Ruder laufen. Scheinbar hat man alle Probleme unter Kontrolle, während real die politischen Akteure vollkommen ratlos sind.

3 Erklärungs- und Lösungsansätze in der Politikfeldanalyse

In der vergleichenden Politikfeldanalyse werden Haushaltsdefizite multikausal mit sozioökonomischen und institutionellen Variablen, aber auch mit Akteursinteressen, Handlungskapazitäten und -strategien erklärt (Holtkamp 2007). Die folgende Analyse wird sich zunächst auf ausgewählte endogene Ursachen und Konsolidierungsansätze am Beispiel von Policy-Studien zur Haushaltspolitik des Bundes und der Länder konzentrieren. Anschließend wird gezeigt, warum diese Determinanten der Haushaltspolitik höherer Ebenen die Hoffnung auf zusätzliche Zuweisungen für die Kommunen erheblich einschränken und welche Hypothesen für die endogenen kommunalen Konsolidierungsansätze untersucht werden sollen.

3.1 Haushaltskonsolidierung durch Hierarchisierung

In früheren theoretischen Ansätzen wurde ein fast unaufhaltbares Verwaltungswachstum unterstellt, das zu steigenden Haushaltsdefiziten führe. Nun geht aber seit den 1990er Jahren die Personalausgabenquote der öffentlichen Haushalte kontinuierlich zurück, sodass die Erklärungskraft dieser pauschalen Ansätze offensichtlich gering ist. Vielmehr sind Verwaltungen und Regierungen kein homogener Akteur mit einheitlichen Expansionsinteressen, sondern auch hier gibt es Akteure, die stärker auf den Haushaltsausgleich hinwirken. Hierzu gehören in der Regel der Finanzminister und der Regierungschef als Steuerungspolitiker, die häufig die aus Fachverwaltungen, Fachpolitikern und Interessengruppen bestehenden Expansionskoalitionen zu begrenzen versuchen (Mäding 1987, S. 35f.) bzw. gegen diese „Ressortkumpanei" Kürzungen durchsetzen wollen. Haushaltspolitische Entscheidungsprozesse werden danach als Allmendeproblem analysiert, für das als klassische institutionelle Lösung die Hierarchie empfohlen wird. Das Allmendeproblem entsteht im Hinblick auf den Einfluss von Interessengruppen, Parteien im Parlament und auf einzelne Ressortminister, zumindest wenn keine institutionellen Schranken gesetzt werden.

Jede Gruppe und jedes Regierungsmitglied möchte für die jeweilige Klientel möglichst hohe Beiträge aus dem gemeinsamen Budget erhalten. Gelingt dies, so fallen die Nutzen der Ausgabenprojekte konzentriert an, während Kosten auf die Allgemeinheit der Steuerzahler überwälzt werden. Aufgrund dieser Anreize kommt es potenziell zu einer Übernutzung des gemeinsamen Budgets und damit zu einer steigenden Staatsverschuldung.

Konsolidierungsimpulse können in der repräsentativen Demokratie danach nur von den Finanzministern bzw. Kämmerern und den Verwaltungs- und Regierungschefs ausgehen, von denen aufgrund der ihnen zugewiesenen Aufgaben und den damit verbundenen Eigeninteressen eher eine Eindämmung der Übernutzung des Budgets erwartet werden kann.

Konsolidierungseffekte werden dementsprechend dann prognostiziert, wenn die Stellung der letztgenannten Steuerungspolitiker durch institutionelle Reformen gestärkt wird (Seils 2004; von Hagen/Harden 1995). Je stärker beispielsweise der Einfluss des Finanzministers auf die haushaltspolitische Agenda und den Haushaltsvollzug ist und je stärker insgesamt die Exekutive gegenüber der Legislative dominiert, desto geringere Haushaltsdefizite werden erwartet.

Ausgabenkürzungen zur Reduktion der Haushaltsdefizite treffen danach auf ein Dilemma (May 2002, S. 120). Wer auf Ausgaben freiwillig verzichtet, muss damit rechnen, dass sich die anderen Bereiche als Trittbrettfahrer verhalten, sodass das Kollektivgut des Haushaltsausgleichs bei hohen individuellen Kosten durch Verzicht nicht geschützt wird. Deshalb wird kaum jemand den ersten Schritt machen. Da spontane Kooperation nicht zu erwarten ist, scheint Zwang durch den Finanzminister oder Regierungschef als Problemlösung unvermeidlich. Die institutionellen Regeln des Haushaltsprozesses machen danach also einen zentralen Unterschied für die Haushaltskonsolidierung und -defizite. Hierarchisierung und Zentralisierung des Haushaltsprozesses ermöglicht eher Haushaltskonsolidierung als ein von vielen Spielern bestimmter, fragmentierter Budgetprozess (Hallerberg et al. 2009, S. 4f.).

In vielen international vergleichenden Untersuchungen wurde dieser Zusammenhang zwischen Hierarchisierung der Haushaltspolitik und Reduktion von Defiziten immer wieder bestätigt (Hallerberg et al. 2009; Wagschal 2006, S. 71, 76). Neben den institutionellen Rahmenbedingungen wird immer wieder auf die wichtige Rolle von Persönlichkeitsmerkmalen und Fähigkeiten des Regierungschefs und Finanzministers hingewiesen. Der Handlungswille des Regierungschefs und sein politisches Handlungsgeschick können im Sinne von Leadership die Staatsverschuldung erheblich begrenzen (Wagschal 2005, S. 424). Zwar wird dem Regierungschef die Aufgabe zugewiesen, die Regierungspolitik als Ganzes zu leiten, sodass er auch aufgrund von Stimmenmaximierungsinteressen motiviert sein dürfte, kostenintensive „Ressortegoismen in die Schranken zu weisen" (Seils 2004, S. 45), aber Konsolidierungsmaßnahmen dürften bei den hiervon negativ betroffenen Wählergruppen nur wenig Unterstützung finden. Dabei unterliegt die Wählerschaft häufig einer Fiskalillusion, indem sie die Kosten der zunehmenden Verschuldung (die real nichts anderes ist als ein Tausch gegenwärtiger gegen zukünftige Steuerverpflichtungen) nur begrenzt wahrnehmen bzw. in der rein repräsentativen Demokratie kaum in ihr Wahlkalkül einfließen lassen, während unmittelbar wahrnehmbare Kürzungen bei den Adressaten, wie sich beispielsweise bei den Protesten gegen die „Hartz-Reformen" zeigte, durchaus wahlentscheidend sein können.

Insgesamt bleibt festzuhalten, dass das Konsolidierungs- und das Wiederwahlziel gerade bei dem Rückbau von staatlichen Angeboten konfligieren können (Wenzelburger 2009, S. 83f.). In empirischen Untersuchungen wurde deutlich, dass auch deshalb das Amtsverständnis der Regierungschefs und Finanzminister durchaus variiert. Zum Teil wird in vergleichenden Fallstudien sogar darauf hingewiesen, dass die rechtlichen Kompetenzen des Finanzministers und Regierungschefs für die Konsolidierung nicht so stark prägend sind, wie „das Amtsverständnis und das persönliche Bekenntnis zur Konsolidierung" (Wagschal 2006, S. 189) sowie der starke Zusammenhalt zwischen Regierungschef und Finanzminister (Seils 2004, S. 199). Auch in der aktuell vorgelegten Untersuchung zur Haushaltspolitik der deutschen Bundesländer werden als zentrale Erklärungsfaktoren hervorgehoben, dass die Verschuldung in den Bundesländern besonders niedrig sei, in denen Finanzminister und Ministerpräsident sich gemeinsam und kontinuierlich für eine solide Haushaltspolitik und Haushaltskonsolidierung eingesetzt haben und eine ausgeprägte Hierarchisierung des Budgetprozesses vorangetrieben wurde (Wagschal et al. 2009, S. 346f.).

3.2 Haushaltskonsolidierung bei Vetospielern und ausgeprägtem Parteienwettbewerb

Die Handlungsfähigkeit des Regierungs- und Verwaltungschefs hängt aber auch von der Zahl der Vetospieler, ihrer ideologischen Distanz und dem Grad des Parteienwettbewerbs ab. Vetospieler sind aus Sicht des Regierungs- oder Verwaltungschefs diejenigen Akteure, deren Zustimmung für haushaltspolitische Entscheidungen eingeholt werden muss (Parlamente, Bundesrat, Koalitionspartner etc.).

In Deutschland sind aufgrund der hohen Zahl von Vetospielern auf der Bundesebene die Bedingungen für grundlegende Reformen, die aus Sicht vieler Beobachter auf die gravierenden sozioökonomischen Probleme des Staatshaushalts eigentlich folgen sollten, kaum gegeben. Finanzpolitik „aus einem Guss" ist unter den Bedingungen der föderalen Finanzverfassung, unterschiedlicher Sozialversicherungsträger, eines steuerpolitisch zunehmend relevanten Bundesverfassungsgerichts und der Dominanz von Koalitionsregierungen kaum realisierbar (Schmidt 2007, S. 349). Durch die hohe Zahl von Vetospielern steigen einerseits die Transaktionskosten von Entscheidungen an und anderseits nimmt die Wahrscheinlichkeit zu, dass zumindest ein Veto-Akteur die Entscheidungen nicht mittragen will. Insbesondere das Zusammenspiel von stark ausgeprägtem Parteienwettbewerb und institutionellen Vetospielern, wie dem Bundesrat, ist zumindest problematisch. Dieses Zusammenspiel kann zu Blockadegefahren und Kompromissen auf dem kleinsten gemeinsamen Nenner führen. Steuererhöhungen oder drastische Kürzungen zur Reduzierung der Haushaltsdefizite sind gerade bei gegenläufigen Bundesratsmehrheiten so nur schwer zu realisieren. Zudem führt der Föderalismus durch die Vielzahl der Landtagswahltermine in der Regierungsperiode der Bundesregierung zu einer Art Dauerwahlkampf und zu einer starken Sensibilisierung der Parteien für die dominanten Ausgabepräferenzen der Wähler. Die Haushaltskonsolidierung kann durch diesen Dauerwahlkampf erheblich gebremst werden (Zohlnhöfer/Schmidt 2006, S. 518), zumal die jeweilige Bundesregierung befürchten muss, dass bei unpopulären Konsolidierungsentscheidungen die Bundesratsmehrheit bei Landtagswahlen verloren geht und dadurch die Konsolidierungsoptionen weiter eingeengt werden.

Allerdings lassen sich auch institutionelle Vetopositionen identifizieren, die permanent auf eine Drosselung der Verschuldung hinwirken. Hierzu gehören quantitative Barrieren in den Verfassungen und Gesetzen, wie z.B. die Maastrichtkriterien, die die Defizitquote weitgehend auf 3% des Bruttoinlandsprodukts und die Schuldenquote auf 60% begrenzen. Deutschland, das selbst besonders stark auf diese Kriterien gedrängt hatte, hielt diese Grenzen allerdings mehrmals nicht ein, was rückblickend maßgeblich auf die hohen Belastungen durch die Deutsche Einheit zurückzuführen ist. Seit 2009 ist durch die zunehmende Verschuldung des Bundes und einiger Länder in Folge der Wirtschaftskrise wieder für einen größeren Zeitraum damit zu rechnen, dass Deutschland die festgelegten Obergrenzen überschreiten wird (SVR 2009, S. 10).

Im internationalen Vergleich und bedingt für Deutschland lässt sich allerdings schon eine gewisse Steuerungswirkung der Defizitkriterien konstatieren. Rechtliche Schuldengrenzen entfalten in der Regel keine absolute Geltung und werden immer wieder auch durch Ausnahmeregelungen „durchlöchert“. Aber durch kleinere Sanktionen, durch Veröffentlichung und Prüfung der „Schuldensünder“ entsteht ein Rechtfertigungszwang, der häufiger zum Schuldenabbau und zur Konsolidierungspolitik beiträgt. Ganz ähnlich kann man in ihrer Wirkung wohl auch die im Rahmen der Föderalismusreform II beschlossene Verankerung der Schuldenbremse im Grundgesetz einordnen. Ab 2020 soll danach den Bundesländern keine Neuverschuldung erlaubt sein und auch der Bund müsste vorher schon die Neuverschuldung auf ein Minimum zurückführen.

3.3 Mikropolitische Strategien der Haushaltskonsolidierung

In vielen empirischen Untersuchungen hat sich gezeigt, dass (auch bei für Hierarchisierung wenig günstigen institutionellen Rahmenbedingungen) durch mikropolitische Spielstrategien eine temporäre Verschiebung zu Gunsten der Zentrale in der Haushaltspolitik erreicht werden kann, die insbesondere die Möglichkeiten der Ausgabenkürzung forciert (May 2002, S. 316ff.). Zugleich können durch diese Schachzüge bedingt auch die Vetospieler umspielt werden (Wenzelburger 2009, S. 91ff,) und die Haushaltskonsolidierung kann durch diese Strategien auch weniger stark mit dem Wiederwahlziel konfligieren. Allgemein haben sich die folgenden mikropolitischen Strategien als förderlich für die Haushaltskonsolidierung in Deutschland erwiesen (Wenzelburger 2009, S. 412f; Wagschal et al. 2009, S. 354f.; Holtkamp 2007; Wagschal 2006, S. 194f.):

- Sensibilisierung der Öffentlichkeit für die Haushaltskrise und Formulierung eines positiven Konsolidierungsziels (z.B. Erhalt des Sozialstaats durch rechtzeitige Konsolidierung)
- Verschleierung der Kürzungsfolgen und Abwälzung der Verantwortung für Kürzungsmaßnahmen auf andere Institutionen („blame avoidance", z.B. Hinweis auf die EU-Konvergenzkriterien als „Sachzwang")
- Reformen bereits zu Beginn der Legislaturperiode verabschieden
- Abwälzung von Konsolidierungslasten auf untere föderale Ebenen
- den Gegnern von Konsolidierungsmaßnahmen durch Zeitdruck möglichst wenige Entscheidungspunkte bieten
- Konsolidierungsvorschläge als Paket dem Parlament vorlegen, das kaum wieder aufgeschnürt werden kann
- möglichst Gleichverteilung von Konsolidierungslasten („Rasenmäherprinzip"), während nur besonders durchsetzungsstarke Gruppen nach Protest ausgenommen werden.

3.4 Warum die Kommunen nicht mit nachhaltigen Hilfen rechnen können

Aus den hier nur kurz skizzierten Erklärungsansätzen der Politikfeldanalyse geht auch hervor, warum die Kommunen in den nächsten Jahren kaum mit nachhaltigen finanziellen Hilfen rechnen können.

Man muss dabei gar nicht mal böse Absicht der höheren föderalen Ebenen unterstellen, die z.B. ihren Haushalt ganz bewusst durch massive Kürzungen auf Kosten der Kommunen konsolidieren könnten. Entscheidender ist zur Erklärung dieser für die Kommunen unerfreulichen Perspektive der Vetospieleransatz. Wenn Bund und Länder über Steuergesetze oder Ausgabenprogramme diskutieren, bleiben sie in den entscheidenden Verhandlungen unter sich. Wie zuletzt beim Wachstumsbeschleunigungsgesetz versucht die Bundesregierung in Verhandlungspaketen und durch den Verzicht auf konfliktreiche Regelungen zunächst die Vetospieler zu berücksichtigen, um ihre Gesetze durchsetzen zu können. Sie muss dabei die Spruchpraxis des Bundesverfassungsgerichts, die Befindlichkeiten der Koalitionsfraktionen und Ressortminister berücksichtigen und insbesondere im Bundesrat für eine eigene Mehrheit werben. Im Bundesrat vertreten die Länder aber zunächst ihre Interessen bzw. die ihrer Partei, während die kommunalen Interessen hierbei in der Regel kaum repräsentiert werden. Häufig wird in diesen schwierigen Verhandlungen zwischen Bundesrat und Bundesregierung die kommunale Finanzsituation erst nachrangig berücksichtigt bzw. die Kompromisskosten der Verhandlungspakete werden sogar auf die Kommunen externalisiert.

Insgesamt ist es wenig verwunderlich, dass Bund und Länder – unabhängig von der parteipolitischen Zusammensetzung der jeweiligen Regierungen – häufig den Aufbau zusätzlicher Standards, die Überwälzung von Aufgaben und die nicht bedarfsgerechten Finanzzuweisungen fortsetzen. Einerseits können die Fachverwaltungen auf Bundes- und Landesebene ihren Verantwortungsbereich dadurch weiter ausbauen, wobei sie sowohl von vielen Interessengruppen mit wirtschaftlichen Eigeninteressen unterstützt werden als auch von kommunalen Fachverwaltungen, die sich über die Standardsetzung gegen Eingriffe der Kämmerei immunisieren wollen (sog. „vertikale Fachbrüderschaften"). Andererseits können sich die Bundes- und Landtagsabgeordneten gegenüber dem Wähler durch den Ausbau von staatlichen Leistungen profilieren und die Kosten dafür auf die Kommunen abwälzen. Es ist davon auszugehen, dass dem Wähler der persönliche Nutzen dieser „Wahl- und Steuergeschenke" eher präsent ist als die Probleme, die dadurch für das hochkomplexe Finanzierungssystem zwischen Bund, Ländern und Gemeinden induziert werden. Die derzeitig eingeschränkte Handlungsautonomie der Gemeinden lässt sich also auch auf einen stetigen Verteilungskampf zwischen den verschiedenen föderalen Ebenen zurückführen, in dem die übergeordneten Ebenen aufgrund weitergehender institutioneller Kompetenzen ihre Interessen häufiger auf Kosten der Gemeinden umsetzen.

Sicherlich könnte man überlegen, mit der Einrichtung einer kommunalen Kammer mit Vetorechten (vergleichbar dem Bundesrat als Länderinteressenvertretung) oder zumindest durch einen Kommunalminister die Städte und Gemeinden in der föderalen Verhandlungsarena institutionell zu stärken (Bogumil/Holtkamp 2006). Aber erstens ist die Reformfähigkeit der Bundesregierung bereits seit Jahrzehnten entscheidend durch die hohe Anzahl von Vetospielern eingeschränkt. Zweitens hebt man das Interessenproblem im gewissen Maße nur auf eine zweite Ebene. Wenn bereits heute Bund und Länder in ihren Aushandlungsprozessen nur ein sehr eingeschränktes Interesse zeigen, die Finanzprobleme der Kommunen nachhaltig zu berücksichtigen, warum sollten sie daran interessiert sein, auf Entscheidungskompetenzen und Handlungsoptionen zu Gunsten einer starken institutionellen Aufwertung der kommunalen Vertreter zu verzichten?[1]

Aktuell nehmen die kommunalen Proteste unfraglich zu. Aber der steigende Problemdruck führt nicht automatisch zu einer Problemlösung, sondern massive kommunale Haushaltsprobleme sind beispielsweise in NRW seit zwei Jahrzehnten weitgehend unbearbeitet geblieben.

Es spricht vieles dafür, dass gerade in den nächsten Jahren die Rahmenbedingungen für gesonderte Finanzzuweisungen an die Problemkommunen und zum Ausgleich für Steuergeschenke und Aufgabenabwälzung (die insgesamt einen dreistelligen Milliardenbetrag beinhalten müssten), besonders ungünstig sind. In Bundes- und Landeshaushalten sind in den letzten Monaten die Schulden wegen Konjunkturprogrammen, Steuersenkungen und Verlusten der Landesbanken extrem angestiegen. Darüber hinaus wird gerade für die Landeshaushalte die in den nächsten Jahren stark steigende Anzahl von Pensionsberechtigten extreme zusätzliche Belastungen erbringen (Wagschal et al. 2009), während zugleich verfassungsstrukturell eine Schuldenbremse für Länder und Bund eingeführt wurde. Die kommunalen Proteste werden sich wahrscheinlich gerade zu dem Zeitpunkt ballen, an dem Bund und Länder die Weichen für einen konsequenteren Konsolidierungskurs stellen. In dieser Situation hohe Fördersummen für die Kommunen einzufordern, die dann auch noch im Verwaltungshaushalt „versickern" und nicht als Investitionen und attraktive Bauwerke der Wählerschaft und den Unternehmen angepriesen werden können, wird wahrscheinlich nicht sehr erfolgreich sein.

---

1 Demgegenüber verbreiteter ist die Verankerung des Konnexitätsprinzips („wer bestellt, muss bezahlen") in den Landesverfassungen. Damit sollten die Kosten für Aufgabenüberwälzung auf die Kommunen von den Ländern bezahlt werden. Da es aber kaum praktisch möglich ist, Kosten für Aufgabenübertragung genau abzugrenzen und zu beziffern bzw. einzuklagen, ist die Wirkung auf die Lastenverteilung gering (Geißler 2009, S. 90).

Zudem sind sich die Kommunen und ihre Spitzenverbände uneins darüber, welche Kommunen finanziell besonders entlastet werden sollen. Kleinere Kommunen und ihre Vertretungen werden sicherlich eine breite Streuung von Entlastungen favorisieren, um die Ausweisung von Kassenkrediten und Haushaltssicherungskonzepten in der aktuellen Finanzkrise noch vermeiden zu können. Die größeren Städte des Ruhrgebiets wollen demgegenüber zunächst Hilfen für den Altschuldenabbau, weil ohne die Reduzierung der Zinsleistungen für die hohen Kassenkredite jede allgemeine Hilfe hier nahezu folgenlos „verpuffen" wird. Bei diesen divergierenden Verteilungsinteressen wird eine effektive gemeinsame Interessenvertretung beim Kampf um sich verknappende staatliche Haushaltsmittel erheblich erschwert.

Im Kern können die Kommunen also nicht fest mit einer nachhaltigen Finanzhilfe in den nächsten Jahren rechnen. Umso wichtiger ist es über Strategien zu diskutieren, wie die Kommunen ihre endogenen Konsolidierungspotentiale noch besser ausschöpfen sollten und wie sie trotz Haushaltsdefizite unter Kommunalaufsicht eigenständig handeln können.

3.5 Reformansätze für die kommunale Haushaltskonsolidierung

In einer vereinfachten Darstellung der Ergebnisse der vergleichenden Politikfeldanalyse kann man zunächst für die kommunale Haushaltskonsolidierung vier wichtige Akteure unterscheiden. Die Kommunalaufsicht, die als Vetospielerin die Aufgabe hat, die steigenden Kassenkredite zu bremsen, wenn nicht gar auf Null zurückzuführen. Zweitens die Steuerungspolitiker in den Kommunen, wobei hier insbesondere der direktgewählte Bürgermeister den Anstieg der Defizite bremsen könnte, sofern ein ausgeprägter Konsolidierungswille und Führungskompetenz empirisch gegeben ist. Entsprechend der Ergebnisse der Policy-Analyse wäre zu erwarten, dass stärkere hierarchische Kompetenzen bzw. mikropolitische Strategien zur Stärkung dieser Akteure durchschnittlich auch auf kommunaler Ebene zu nennenswerten Spareffekten führen werden.

Als Gegenspieler der Haushaltskonsolidierung können insbesondere die Fachpolitiker identifiziert werden, die sich als Leiter von Fachverwaltungen, Ausschüssen und Interessengruppen gegen Kürzungen in ihrem Politikfeld zumeist gemeinsam zur Wehr setzen. Dominieren diese Akteure die Entscheidungs-

Abb. 9 Akteurskonstellationen und Reformoptionen für die Haushaltskonsolidierung

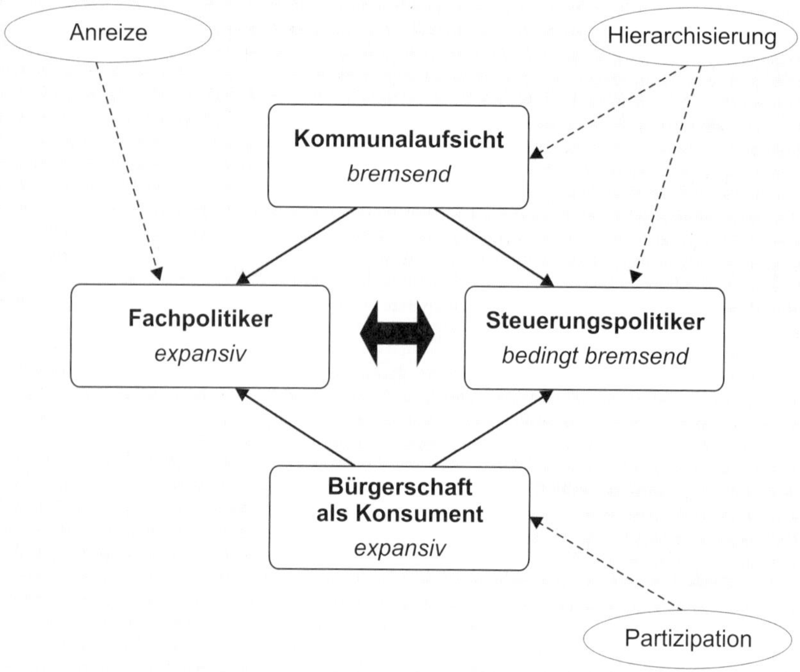

Eigene Darstellung

prozesse, dann ist Ausgabenexpansion bzw. zumindest Budgetkonservierung trotz wachsenden Konsolidierungsdrucks zu erwarten.

Eine ähnliche Rolle dürften häufiger auch die Bürger als Nutzer von Einrichtungen spielen, die in rein repräsentativ-demokratischen Strukturen häufig in der Konsumentenrolle verharren. Aber auch an diesen, eher expansiven Akteuren kann möglicherweise positiv angesetzt werden, indem durch Anreize und Partizipation ihre Gestaltungskraft für die kommunale Haushaltskonsolidierung genutzt wird. Welche dieser drei strategischen Ausrichtungen – Hierarchisierung, Partizipation und Anreize tatsächlich für die Haushaltskonsolidierung in den Kommunen geeignet ist, wird in den folgenden Kapiteln empirisch untersucht und diskutiert.

4 Kommunen und Bürgermeister in schlechter Verfassung?

Beim Hierarchisierungsansatz hat man es auf kommunaler Ebene mit zwei rechtlichen Spezialitäten zu tun. Erstens ist die formale Stellung des Bürgermeisters zum größeren Teil über die Kommunalverfassung der Bundesländer geregelt und damit weitgehend dem kommunalen Einfluss entzogen. Zweitens wird der Bürgermeister in den Kommunen direkt gewählt, sodass nicht ausschließlich die Parteien, sondern auch die Wähler die Führungsauslese stark mitbeeinflussen.

Zunächst soll in diesem Kapitel die Kommunalverfassungsdebatte aufgenommen werden und empirisch nach den Auswirkungen der Verfassungsreformen auf Bürgermeister, Rat und die Haushaltsergebnisse gefragt werden. Abschließend sollen vor diesem Hintergrund die Auswirkungen der bisherigen Führungsauswahl auf die Haushalte nordrhein-westfälischer Kommunen abgeschätzt werden und erste umsetzbare Empfehlungen entwickelt werden.

4.1 Der Einfluss der Kommunalverfassungen auf die Haushaltsergebnisse

In der lokalen Politikforschung hat der als Ex-KGSt-Vorstand in der Verwaltungspraxis einflussreiche Gerhard Banner durch die Einführung der Direktwahl des Bürgermeisters erhebliche Konsolidierungseffekte propagiert (Banner 1989). Mit Verweis auf Baden-Württemberg prognostizierte er in den 1980er Jahren, dass die Einführung der Direktwahl des hauptamtlichen Bürgermeisters in den anderen Bundesländern die Steuerungspolitiker gegenüber den Fachpolitikern stärken und den ausgabenexpansiven Parteienwettbewerb beschränken würde.

Als Kontrastfall diente ihm die in der alten nordrhein-westfälischen Kommunalverfassung festgelegte Doppelspitze (Stadtdirektor und ehrenamtlicher Bürgermeister), die zu einem erheblichen Ausgabenwachstum bei den Kommunalhaushalten in NRW geführt habe, während der vom Volk direkt gewählte, hauptamtliche Bürgermeister in Baden-Württemberg aus seiner Sicht ein Garant für eine sparsame Haushaltspolitik war. Die Direktwahl verstärkt nach dieser Argumentation die Anreize des Verwaltungschefs auf den Haushaltsausgleich zu achten, weil ihm sonst die Wähler „für derartige Mißwirtschaft (...) die Quittung geben" (Banner 1987, S. 237) würden. Zudem habe der zentrale Steuerungspolitiker in BW deutlich mehr rechtliche Kompetenzen als der Stadtdirektor in NRW und könne sich deshalb auch durch hierarchische Eingriffe gegenüber ausgabenexpansiven Fachverwaltungen, Ausschussmitgliedern und Interessengruppen durchsetzen (Banner 1985, S. 432f.).

Die empirischen Untersuchungen der Banner-These kamen schließlich aber zu sehr unterschiedlichen Ergebnissen. Je nach methodischem Zugriff und Auswahl der Untersuchungskommunen wurden die Hypothesen bestätigt (Winkler-Haupt 1988; Wagschal 2005, S. 267) oder widerlegt (Kunz/Zapf-Schramm 1989, S. 181ff.). So, wie auch der heutige Vergleich im zweiten Kapitel dieses Buches für die beiden Bundesländer zeigt, waren auch damals die sozioökonomischen Verhältnisse und damit die Sozialausgaben eine wesentliche Erklärung für die unterschiedlichen kommunalen Haushaltsergebnisse in Baden-Württemberg und in NRW. Gerhard Banner hatte offensichtlich die Prägekraft von Verfassungen überbetont, auch wenn seine Überlegungen, dass starke Steuerungspolitiker eher zum Haushaltsausgleich führen, vor dem Hintergrund der skizzierten Ergebnisse der vergleichenden Policy-Analyse überzeugend sind.

Aus Sicht der Policy-Analyse kann man die Argumentation von Gerhard Banner in der Art rekonstruieren, dass die baden-württembergische Kommunalverfassung (polity) zu konkordanzdemokratischen Akteurskonstellationen (politics) führt, die wiederum geringere Haushaltsdefizite (policy) hervorbringen (Holtkamp 2007). Konkordanzdemokratische Akteurskonstellationen zeichnen sich durch einen starken Verwaltungschef (exekutive Führerschaft) bei einer geringen Parteipolitisierung aus.

Nicht nur für Bund und Länder, sondern auch für die Kommunen wurde in Wissenschaft und Praxis immer wieder darauf hingewiesen, dass eine Hierarchisierung der Haushaltspolitik bei ausgeprägter exekutiver Führerschaft und geringem Parteienwettbewerb förderlich für die Haushaltskonsolidierung ist (Mäding 1996, S. 83, 92; Mäding 1998, S. 115; Gitschier 1997, S. 119; May 2002). Aus Sicht der Praxis wäre damit vor allem zu klären, wie diese offensichtlich günstigeren Akteurskonstellationen für den Haushaltsausgleich bewusst angestrebt werden können und welche Hindernisse es dabei zu überwinden gilt.

Dies kann am besten am Beispiel der Einführung der Bürgermeister-Direktwahl in NRW verdeutlicht werden.

4.2 Kommunale Konkordanz- und Konkurrenzdemokratie

Vor den Kommunalverfassungsreformen in den 1990er Jahren galten baden-württembergische und nordrhein-westfälische Kommunen als Prototypen für zwei unterschiedliche „demokratische Welten", die sich jeweils wie ein roter Faden von der Nominierungsphase, über die Wahlkampf- und Wahlphase bis hin in die Regierungsphase durchziehen (Holtkamp 2008a). In den ersten drei Phasen wird zwischen einer stärkeren Kandidatenorientierung als Merkmal der Konkordanzdemokratie und einer stärkeren Parteiorientierung als Kennzeichen der Konkurrenzdemokratie unterschieden. In der Regierungsphase forciert darüber hinaus ein niedriger Grad der Parteipolitisierung eine ausgeprägte Dominanz des Verwaltungschefs. Kommunale Konkurrenzdemokratie zeichnet sich demgegenüber durch eine starke Parteipolitisierung in allen Phasen aus, die mit einem im Vergleich zur Konkordanzdemokratie weniger einflussreichen Verwaltungschef einhergeht.

In der von uns nach der Kommunalverfassungsreformwelle in Nordrhein-Westfalen durchgeführten landesweiten Befragung der kommunalen Akteure konnten auch weiterhin gravierende Divergenzen zwischen den beiden Bundesländern festgestellt werden (Gehne/Holtkamp 2005). Bei allen Dimensionen der Konkordanz- und Konkurrenzdemokratie ergaben sich auch nach der Einführung der Direktwahl in NRW signifikante Unterschiede zwischen den Bundesländern. In nordrhein-westfälischen Kommunen dominieren weiterhin konkurrenzdemokratische Akteurskonstellationen, sodass in der Verfassungsrealität kaum eine Annäherung an die baden-württembergischen Kommunen mit konkordanzdemokratischen Entscheidungsregeln stattgefunden hat. So verbindet sich in nordrhein-westfälischen Kommunen die Direktwahl mit einer starken Parteipolitisierung des Verwaltungschefs und des Stadtrates, was zu problematischen Akteurskonstellationen für die Haushaltskonsolidierung führen kann.

In NRW stammen die meisten direktgewählten Bürgermeister der größeren Städte aus dem Bereich der ehrenamtlichen Kommunalpolitik. Das Amt des Verwaltungschefs (damals Stadtdirektor) wurde zuvor vom Rat gewählt und auch aufgrund von

Tab. 2 Extremtypen repräsentativer Demokratie auf kommunaler Ebene

	Konkurrenzdemokratie (eher in NRW-Kommunen)	**Konkordanzdemokratie** (eher in baden-württembergischen Kommunen)
Nominierungsphase		
innerparteiliche Selektionskriterien	Bewährung in der Parteiarbeit	soziales Ansehen (bzw. zumindest keine starke Bewährung)
Wahlkampfphase		
Wahlkampfstrategie	starke Parteiorientierung	starke Kandidatenorientierung
Wahlphase		
Wahlverhalten	starke Parteiorientierung; niedrige Stimmenanteile von Wählergemeinschaften	starke Kandidatenorientierung; hohe Stimmenanteile von Wählergemeinschaften
Regierungsphase		
personelle Parteipolitisierung von Rat, Bürgermeister und Verwaltung	stark ausgeprägt	schwach ausgeprägt
prozedurale Parteipolitisierung	hohe Verflechtung zwischen Mehrheitsfraktion und Verwaltung Mehrheitsregel im Rat geschlossenes Abstimmungsverhalten der Fraktionen	geringe Verflechtung Einstimmigkeitsregel im Rat weniger geschlossenes Abstimmungsverhalten der Fraktionen
exekutive Führerschaft	schwächer ausgeprägt	stark ausgeprägt

Quelle: Holtkamp 2008a

damals in der Kommunalverfassung noch vorgeschriebenen Qualifikationen bzw. Verwaltungserfahrungen wurde dieses Amt kaum durch führende Parteipolitiker besetzt (Schulenburg 1999, S. 170, 187). Mit der Einführung der Direktwahl fielen diese Qualifikationshürden und die Fraktionsvorsitzenden und andere ehrenamtliche Kommunalpolitiker konnten sich häufiger als Bürgermeisterkandidaten der großen Parteien aufstellen lassen. In diesem Sinne ist die Nominierung als Bürgermeisterkandidat in den großen Volksparteien der „Hauptpreis“ für langjähriges parteipolitisches Engagement in der jeweiligen nordrhein-westfälischen Kommune. In den informellen Führungsgremien konnten sich diese Parteiakteure aufgrund ihrer herausragenden Machtstellung häufig durchsetzen und diese im Vergleich zum Ehrenamt gut bezahlte Position einnehmen (Holtkamp 2008a; Gehne 2008, S. 281).

In Baden-Württemberg bei eher konkordanzdemokratischen Strukturen dominieren dagegen Bürgermeister, die nicht aus dem lokalen Parteimilieu stammen und die über eine juristische Ausbildung verfügen. Im Hinblick auf die Aufgabe als Verwaltungschef wird die starke Parteipolitisierung des Bürgermeisteramtes in Nordrhein-Westfalen zunehmend als problematisch eingeordnet (Nienaber 2004/Banner 2006). So wird davon ausgegangen, dass diese Bürgermeister deutlich stärker zur Durchsetzung parteipolitischer Kriterien in der Verwaltung neigen als ihre eher parteidistanzierten Amtskollegen in Baden-Württemberg (Haus/Heinelt 2002, S. 128). Damit sind sie auch für parteipolitische Versorgungspatronage anfälliger, mit den damit einhergehenden, typischen Effizienzproblemen. Bürgermeister mit ehrenamtlichem politischem Hintergrund sind zudem aufgrund mangelnden Fachwissens häufiger den führenden Verwaltungsmitarbeitern unterlegen und konzentrieren sich eher auf rein repräsentative Aufgaben (Banner 2006), während die Verwaltung sich selbst führt. Zudem ergeben sich gerade in Kohabitationsfällen (Ratsmehrheit mit anderer parteipolitischer Färbung als der Bürgermeister) und bei unklaren Mehrheitsverhältnissen erhebliche Blockadegefahren, weil die Bürgermeister aufgrund ihrer Parteikarriere nicht als parteineutrale Moderatoren akzeptiert werden (Holtkamp 2008a). Die anderen Parteien versuchen bei stark ausgeprägtem Parteienwettbewerb durch ihre Mehrheit als Vetospieler die Handlungsspielräume des Bürgermeisters, beispielsweise über die Hauptsatzung, einzuengen, um ihrem Kandidaten für die nächste Wahl eine günstigere Startposition zu verschaffen (Bogumil 2001). Befragungen der nordrhein-westfälischen Bürgermeister zeigen, dass sie bei Kohabitationskonstellationen sogar weniger rechtliche Kompetenzen in der Hauptsatzung zugestanden bekommen als der frühere Stadtdirektor (Holtkamp 2008a). Die Bürgermeister haben in dieser Konstellation zum Teil den Eindruck, dass die Mehrheitsfraktionen öffentlich die „Jagd" auf sie eröffnen und von Mobbingkoalitionen ist die Rede. Die Bürgermeister können sich im Gegenzug mit der mangelhaften Implementation von Ratsbeschlüssen oder mit der Einschaltung der Kommunalaufsicht revanchieren (Holtkamp 2008a). Bei konkordanzdemokratischen Akteurskoalitionen und damit geringer ausgeprägtem Parteienwettbewerb ist eher damit zu rechnen, dass potenzielle Vetospieler weniger zur Blockade neigen, so dass es dem Bürgermeister eher gelingt, einstimmige Unterstützung für seinen Konsolidierungskurs zu gewinnen. Bürgermeister in baden-württembergischen Kommunen können so ihre Konsolidierungspolitik trotz unklarer Mehrheitsverhältnisse durchsetzen (Winkler-Haupt 1988). Dabei erleichtert ihre geringe Parteibindung und höhere Verwaltungskompetenz ihre Akzeptanz als unabhängige Moderatoren erheblich, was wiederum die Konsensbildung ermöglicht.

4.3 Reformvorschläge für die Kommunalverfassung

Wenn man nun nach den Ursachen für diese unterschiedlichen „demokratischen Welten" in beiden Bundesländern fragt und sich vor allem mit gestaltbaren Größen befassen will, dann kann man erstens auf weiterhin bestehende Unterschiede in den Kommunalverfassungen verweisen (Banner 2006).

Auch nach der erneuten Reform der Kommunalverfassung in NRW im Jahre 2007 weist diese erhebliche Abweichungen von der baden-württembergischen Gemeindeordnung auf, die für die skizzierten Probleme mitverantwortlich sind.

Der Bürgermeister hat nach wie vor in NRW eine schwächere Position gegenüber den ratsgewählten Beigeordneten, deren Geschäftsfelder vom Rat mit absoluter Mehrheit im Konfliktfall relativ weit gesteckt werden können, so dass für den direktgewählten Bürgermeister nur noch wenige originäre Geschäftsbereiche übrig bleiben. Zudem verfügt der Bürgermeister nicht über ein Weisungsrecht gegenüber den Beigeordneten, die somit in der Öffentlichkeit weiter ihre abweichende Meinung bzw. eine andere Parteimeinung vertreten können. Und um nur eine weitere verbliebene Besonderheit der nordrhein-westfälischen Kommunalverfassung zu erwähnen – der Rat kann jederzeit über das Rückholrecht Entscheidungen und Kompetenzen des Bürgermeisters wieder an sich ziehen. Dies schwächt die Rolle des

Bürgermeisters als zentraler Steuerungspolitiker im Haushaltsprozess, insbesondere wenn ihm „feindliche" bzw. unklare Mehrheitsverhältnisse im Rat gegenüberstehen.

Zukünftig sind diese Konstellationen zudem immer wahrscheinlicher, weil mit der 2007er Reform die Ratswahl in NRW von der Bürgermeisterwahl entkoppelt wurde. Wenn Bürgermeister und Rat generell zu unterschiedlichen Zeitpunkten gewählt werden, haben die Mehrheitsverhältnisse im Rat deutlich häufiger eine andere parteipolitische Färbung als die Bürgermeister (Holtkamp 2008a). Zugleich nimmt mit der Abschaffung der 5%-Hürde die Zahl der Fraktionen, Gruppierungen und „Einzelkämpfer" seit 1999 in den nordrhein-westfälischen Kommunen deutlich zu. Diese Splittergruppen sind allein schon aufgrund ihrer geringen Leistungsfähigkeit häufig nur schwer für konstruktive Mehrheiten gewinnbar, so dass auch hierdurch die Mehrheitsbeschaffung in einigen NRW-Kommunen deutlich schwerer geworden ist (vgl. ausführlich Bogumil/Ebinger/Holtkamp 2009). Ausgehend von durchschnittlich unter vier Fraktionen und Gruppierungen in 1999, sind es im Januar 2009 durchschnittlich schon acht Fraktionen und Gruppierungen im Kommunalparlament der typischen nordrhein-westfälischen Großstadt.

Bei den letzten beiden institutionellen Regelungen handelt es sich wohlgemerkt fast um „Kopien" aus der baden-württembergischen Kommunalverfassung, die aber in einer anderen durch größere Städte geprägten politischen Kultur deutlich divergierende Wirkungen entfachen. Die Kommunalparlamente in NRW sind seit langem von der Parteienkonkurrenz dominiert, die gerade in den immerhin 30 Großstädten des Bundeslandes kaum durch Wahlrechtsreformen oder durch Appelle an das Gemeinwohl zurückgedrängt werden kann. Pragmatisch gesprochen wird man aufgrund jahrzehntelanger eingeübter Konkurrenzrituale in vielen Kommunen Nordrhein-Westfalens (sicherlich auch, wie empirisch dokumentiert, in Städten ab 20.000 Einwohner in Hessen, Bayern, Niedersachsen und Schleswig-Holstein, Holtkamp 2008a) weiterhin mit eher konkurrenzdemokratischen Parlamenten rechnen müssen, die sinnvoll ergänzt werden könnten durch einen relativ starken und unabhängigen Bürgermeister. Im Hinblick auf die nordrhein-westfälischen Städte könnte für effizientere Entscheidungsprozesse sicherlich eine grundlegende Kommunalverfassungsreform empfohlen werden. Der direktgewählte Bürgermeister als wesentlicher Ansprechpartner der Bürger sollte danach stärkere, von den Ratsmehrheiten unabhängige, Kompetenzen erhalten und weiterhin gleichzeitig mit dem Rat gewählt werden, um Kohabitationskonstellationen eher zu vermeiden. Mit Blick auf die Regierungsfähigkeit der Großstadtparlamente, die in NRW schon teilweise an „Weimarer Verhältnisse" erinnern, sollte zur Begrenzung der Splitterfraktionen und der durch sie entstehenden Kosten wieder eine höhere Sperrklausel eingeführt werden.

4.4 Empfehlungen für kommunale Akteure

Die kommunalen Parteien und Wählergemeinschaften sind weder durch die Kommunalverfassung noch durch die Wünsche der Wähler dazu gezwungen, im Kommunalparlament einen starken Parteienwettbewerb auszutragen und nur Bürgermeisterkandidaten aus der ehrenamtlichen Kommunalpolitik aufzustellen. Die Bürger wollen – wie viele repräsentative Befragungen in NRW zeigen – durchschnittlich eher durchsetzungsstarke, gerade parteineutrale Bürgermeister und keinen starken Parteienstreit im Rat (Holtkamp 2002a).

Damit haben die Parteien im Prinzip alle Freiheiten, sich auch in NRW zumindest etwas stärker auf konkordanzdemokratische Verhaltensmuster einzustellen, die insgesamt zu effizienteren Entscheidungsstrukturen beitragen können. Allerdings gilt auch hier, dass die dauerhafte Umstellung in der parlamentarischen Arena auf konsensuale Haushaltsbeschlüsse unwahrscheinlich ist.

In Haushaltssicherungskommunen ist es schwierig, sich als Konsolidierungspartei zu profilieren, weil es bei diesen Vorzeichen kaum kurzfristige Gewinner in der Bevölkerung geben wird. Die einen werden negativ betroffen sein von den Kürzungen, während viele andere dadurch nicht weniger Steuern und Gebühren, sondern durch die Einflussnahme der Aufsichtsbehörde eher mehr zahlen müssen. Selbst wenn sich alle Fraktionen bei ausgeprägter Parteienkonkurrenz in NRW an einem gewissen Punkt einig wären, wäre der Anreiz für eine Partei auszusteigen, besonders hoch, weil sie dann alle Unzufriedenen in der Bevölkerung sammeln könnte (siehe Trittbrettfahrerproblematik in Kapitel 3.1).

Auch für die Bürgermeister bietet die eingeführte Direktwahl in NRW-Kommunen sicherlich keinen zusätzlichen Anreiz zur Haushaltskonsolidierung, wie dies noch von Gerhard Banner angenommen wurde. In Untersuchungen gaben die kommunalen Entscheidungsträger in NRW immer wieder an, dass sich viele Bürger kaum für die allgemeine Verschuldungslage der Stadt interessieren und Kürzungen zumindest ambivalent beurteilt werden (Holtkamp 2002a; Timm-Arnold 2010).

Wenn sich also direktgewählte Bürgermeister für die Haushaltskonsolidierung entscheiden, dann werden sie es nicht aus Wiederwahlinteresse, sondern aufgrund ihrer persönlichen Einstellungen, beruflichen Sozialisation und Verantwortung für ihre Mitarbeiter tun. Deshalb ist bereits bei der Aufstellung (und Wahl) von Bürgermeisterkandidaten auf ihre Konsolidierungspräferenzen und ihre berufliche Sozialisation zu achten.

Kandidaten, die langjährig in der Verwaltung als Führungskraft oder gar als Kämmerer tätig waren, nehmen in der Regel die gesetzlich normierte Pflicht des Haushaltsausgleichs und die Konsequenzen der Verletzung dieses Prinzips ernster als Bürgermeister aus der ehrenamtlichen Kommunalpolitik. Zudem können sie sich eher in der häufig von juristischen Auseinandersetzungen geprägten Kommunalverwaltung gegenüber den ausgabenexpansiven Fachverwaltungen durchsetzen.

Zu diesem eindeutigen empirischen Ergebnis kommt auch eine aktuell für die Ruhrgebietskommunen vorgelegte Dissertation (Timm-Arnold 2010). Verwaltungszentrierte Bürgermeister mit juristisch geprägter Ausbildung, die sich zudem auf eine „eigene Hausmacht“ im Rat stützen können, tragen am stärksten zur Haushaltskonsolidierung bei. In bemerkenswerter Klarheit wird in der Dissertation nachgewiesen, wie wenig politikzentrierte Bürgermeister bereit sind, sich für die Haushaltskonsolidierung in konkret beschriebenen Entscheidungsprozessen einzubringen und wie im interkommunalen Vergleich extrem hohe Ausgabenspitzen unangetastet bleiben bzw. höchstens bei starken Drohungen der Kommunalaufsicht langsam angegangen werden.

5 Verwaltungsreformen und Konsolidierungsstrategien

Im Folgenden sollen drei effizienzorientierte Verwaltungsreformen näher betrachtet werden, die sehr unterschiedliche Konsolidierungsstrategien empfehlen. Anhand von Evaluationsstudien wird dargestellt, welche dieser Reformen und Strategien im Sinne der Haushaltskonsolidierung im Praxistest erfolgreich gewesen sind. Alle zu behandelnden Reformkonzepte sind im Umfeld der Kommunalen Gemeinschaftsstelle (KGSt) entstanden und tauchen turnusmäßig in der Haushaltskrise – manchmal unter einem neuen Etikett – wieder auf. Dabei gerät oft in Vergessenheit, welche massiven Implementationsprobleme mit einigen dieser Reformen verbunden sind und dass man sich viele dieser Ansätze vor dem Hintergrund dieser Erfahrungen gerade im Sinne der Haushaltskonsolidierung „ersparen" kann.

5.1 Aufgabenkritik

Im Jahre 1974 entwickelte die KGSt in enger Zusammenarbeit mit Finanzwissenschaftlern einen Bericht zu systematischen Verfahren der Aufgabenkritik. Damit war gewissermaßen der Klassiker der strategisch orientierten Sparkonzepte der Verwaltungswissenschaft geboren.

Ziel war es, den stetig weiter wachsenden Aufgabenbestand durch zielorientierte kontinuierliche Aufgabenprüfung zu reduzieren, auch um damit die Effizienz des Verwaltungshandelns zu steigern. Die Aufgaben sollten nach transparenten Kriterien und durch Kosten-Nutzen-Analysen überprüft werden. Bezugspunkt war also nicht, wie bei inkrementalistischen Methoden, der Haushaltsansatz des Vorjahres, sondern insbesondere der gesellschaftliche Nutzen einer Aufgabe (outcome). Diese Prüfung sollte stärker zentral durch eine Kommission der Querschnittsämter (Kämmerei, Hauptamt, Personalamt) erfolgen. Es ging um einen „rationalen Ansatz des geordneten Rückzugs" (Hack 1987, S. 126).

Typisch für die Phase der Planungseuphorie Anfang der 1970er Jahre sollen durch Aufgabenkritik Informationen generiert werden, die zu einer intelligenteren, hierarchischen Steuerung führen. Die unterschiedlichen Interessen der Akteure und die Allmendeproblematik in der Haushaltspolitik wurden in der Konzeptionsphase demgegenüber weitgehend ausgeblendet.

Die Verfahren der Aufgabenkritik wurden nur in wenigen Großstädten eingeführt. Insbesondere zeigten sich in der Implementationspraxis die typischen Probleme hierarchischer Steuerung. Die zentralen Ämter wurden einerseits durch Informationen überlastet und andererseits erhielten sie nur wenig relevante Informationen, weil die Fachverwaltungen selektiv die Informationen weitergaben. Informationsmängel und Informationsüberlastung treten bei hierarchischer Intervention häufig gleichzeitig auf. Im konkreten Fall führte die Informationsüberlastung dazu, dass die ursprünglich propagierte Verknüpfung der Aufgabenkritik mit den Haushaltsberatungen nicht realisiert werden konnte. Während die Haushaltsplanung als jährlich wiederkehrendes Element zügig in Politik und Verwaltung erstellt werden muss, dauerte die erste Runde der Aufgabenkritik länger als ein Jahr. Danach wurde auch konzeptionell die Aufgabenkritik aufgrund der Komplexität der zu verarbeitenden Informationen von den Haushaltsberatungen abgekoppelt und die Aufgabenkritik hatte damit für die Verteilung von Haushaltsmitteln faktisch keine Relevanz (Banner 1985). Zudem leisteten die Fachverwaltungen gegen die Aufgabenkritik erheblichen Widerstand, weil ihr Ansehen, Personal und ihre Haushaltsmittel nicht unerheblich von dem historisch gewachsenen Aufgabenbestand abhängen (Hack 1987, S. 126). Insgesamt wurden aufgrund dieser massiven Implementationsprobleme die systematischen Verfahren der Aufgabenkritik bald wieder eingestellt.

5.2 Haushaltskonsolidierung

Aus dem Scheitern der zentralen Aufgabenkritik zog die KGSt – diesmal stark gedrängt von den Kommunen und ihren Konsolidierungserfahrungen – nicht den Schluss, hierarchische Steuerung abzubauen, sondern in ihrem 1982 entwickelten Verwaltungsreformleitbild der Haushaltskonsolidierung wurde eine noch stärkere Hierarchisierung der Haushaltsplanung und des Haushaltsvollzuges angestrebt. Klar wurde hervorgehoben, dass Haushaltskonsolidierung vor allem vom energischen Eingreifen des Verwaltungschefs abhängt (KGSt 1982, S. 9). Sparvorschläge sollten von der Verwaltungsführung und den Querschnittsämtern, weniger von den Fachverwaltungen oder vom Stadtrat, erarbeitet werden. Im Kern sollen also, wie es Gerhard Banner schon in der im vierten Kapitel skizzierten Kommunalverfassungsdebatte ausgedrückt hat, die Fach-Basis-Koalitionen, bestehend aus Fachverwaltungen, Ausschussmitgliedern und Interessengruppen, zurückgedrängt werden durch Intervention der Kämmerer und der Verwaltungsspitze (Banner 1985, S. 432f.). Haushaltskonsolidierung ist danach nur erfolgreich, wenn sie gegenüber den Fachverwaltungen durch eine „hartnäckige Aneinanderreihung einer Vielzahl kleiner, mittlerer und größerer Einzeleingriffe" (KGSt 1982, S. 12) erfolgt. Das Allmendeproblem der Haushaltspolitik sollte also durch eine stärkere hierarchische Steuerung begrenzt werden und Haushaltskonsolidierung durch mikropolitische Strategien durchgesetzt werden, die dem ähneln, was im dritten Kapitel als Ergebnisse der vergleichenden Policy-Analyse beschrieben wurde.

So wird in diesem KGSt-Modell betont, dass die Konsolidierung in die engen Zeitfenster der Haushaltsberatungen eingepasst werden müsse. Der damit verbundene Zeitdruck wird als förderlich angesehen, um den Fach-Basis-Koalitionen nur geringe Widerstandsmöglichkeiten zu geben. Der Stadtrat und damit die transparente Diskussion von Konsolidierungsoptionen soll möglichst eine geringe Rolle im Konsolidierungsprozess spielen (Banner 1987). Haushaltskonsolidierung soll unterhalb der politischen „Reizschwelle" verwaltungsintern durch hierarchische Koordination organisiert werden. Das hat auch zur Folge, dass auf grundsätzliche Aufgabenkritik zu verzichten ist, weil diese zwangsläufig politischen Widerstand provoziert. Dementsprechend werden mit der Rasenmähermethode stark inkrementalistische Sparansätze geduldet bzw. sogar empfohlen, die eher zu einer wenig sichtbaren „Leistungsverdünnung" (Banner 1985, S. 439) als zu einem Aufgabenabbau führen. Danach werden die Haushaltsansätze des Vorjahres in allen Fachbereichen in ähnlichem Maße gekürzt. Die Erfahrungen mit der Rasenmähermethode zeigten, dass sie die Probleme hierarchischer Steuerung – insbesondere die Informationsüberlastung und die Implementationswiderstände – stark reduzieren kann. Die Informations- und Konsensfindungskosten sind gering und der Gleichheitsgrundsatz (alle müssen sparen) entspricht eher üblichen Gerechtigkeitsnormen und lässt Machtrelationen zwischen den Fachverwaltungen unangetastet (Banner 1987, S. 54). Zudem wurde im Vollzug darauf geachtet, dass sparwillige Ressorts durch Handlungsspielräume in Verhandlungen motiviert wurden, während den anderen Fachressorts detaillierte Vorgaben gemacht wurden.

Die KGSt bilanzierte später eine hohe Zielerreichung ihres neuen Reformmodells, das im Kern auf einer stärkeren Hierarchisierung, Inkrementalismus und Intransparenz basierte.

„Insgesamt kann die Haushaltskonsolidierung als eine erfolgreiche Sparstrategie bezeichnet werden. Sie war die Stunde des Kämmerers oder des Verwaltungschefs… Vielen Verwaltungen hat sie aus der aktuellen Krise herausgeholfen" (Hack 1987, S. 128). Auch in unabhängigen Bewertungen dieser Konsolidierungsstrategien für die kommunale Ebene wird immer wieder konstatiert, dass eine Hierarchisierung der Haushaltspolitik unter der Dominanz inkrementalistischer Sparansätze stattgefunden hat und Konsolidierungseffekte erbringt (May 2002, S. 172-181; Mäding 1998). Die KGSt konstatierte allerdings später, dass nach dem Ende der ersten kommunalen Haushaltskrise Mitte der 1980er das Interesse an diesem Reformmodell merklich abebbte.

5.3 Neues Steuerungsmodell

Anfang der 1990er Jahre gerieten viele Kommunen wieder in eine tiefgreifende Haushaltskrise. Vor dem Hintergrund der Erfahrungen in den 1980er Jahren suchte die KGSt nach einem Modell, das nicht nur bei extremem Konsolidierungsdruck, sondern dauerhaft Anreize für eine effiziente Ressourcenverwendung generiert. Ziel des von der betriebswirtschaftlichen Verwaltungswissenschaft maßgeblich mitentwickelten Neuen Steuerungsmodells war vor allem eine Effizienzsteigerung in Kommunalpolitik und -verwaltung (KGSt 1993). Die Ursachen für endogene Haushaltskonsolidierungsprobleme werden nach wie vor in dem unwirtschaftlichen Verhalten der Fachverwaltungen und Fachausschüsse verortet, nur wird als Lösung diesmal eine stärkere Dezentralisierung des Haushaltsvollzugs angestrebt. Allgemein wird im New Public Management davon ausgegangen, dass „Dezentralisierung und Eigenverantwortung den herkömmlichen Formen hierarchischer Steuerung überlegen ist" (Kropp 2004, S. 422) und die hierarchische Koordination deutlich reduziert werden sollte. Das Allmendeproblem sollte dadurch gelöst werden, dass den Fachbereichen feste Budgetgrenzen gesetzt werden und sie innerhalb dieser Grenzen relativ frei über die Haushaltsmittel verfügen können, um Anreize für ein wirtschaftlicheres Verhalten der Verwaltungsmitarbeiter zu schaffen (z.B. Reduzierung des „Dezemberfiebers").

Die hierfür eingeräumten Budgetspielräume sollten durch die outputorientierte Steuerung allerdings für die Politik kontrollierbar bleiben (KGSt 1993, S. 20) und gleichzeitig Anreize nicht nur für eine sparsame Mittelbewirtschaftung, sondern auch für bessere Leistungen (Output) der Verwaltungen geben. Verwaltungsleistungen sind danach in Produkten flächendeckend zusammenzufassen, die Aussagen über Ziele und Kosten beinhalten sollen und dadurch transparenter nach den Zielen des Stadtrates ausgerichtet werden. Inkrementalistische Sparansätze, wie die Rasenmähermethode, wurden nunmehr entschieden abgelehnt.

In neuen politikwissenschaftlichen Evaluationen der kommunalen Verwaltungsmodernisierung und Berichten der Rechnungshöfe für die Landesverwaltungen wird deutlich hervorgehoben, dass das Neue Steuerungsmodell auch nach Jahren der Implementation das vorrangige Ziel – die Effizienzsteigerung – nicht erreicht hat (vgl. ausführlich Bogumil et al. 2007; Holtkamp 2008b).

Bezogen auf die dezentrale Budgetierung stellt sich gerade beim Einsatz in der Haushaltskrise folgendes zentrales Problem: Wer als Fachbereichsleiter in der Haushaltskrise auf Ausgaben freiwillig verzichtet, muss damit rechnen, dass die anderen Bereiche sich als Trittbrettfahrer verhalten, sodass das Kollektivgut des Haushaltsausgleichs bei hohen individuellen Kosten durch Verzicht nicht erreicht wird. Die hohen individuellen Kosten können dadurch entstehen, dass die Übertragung von Budgetresten auf das nächste Haushaltsjahr nur zu einem geringen Prozentsatz oder überhaupt nicht ermöglicht wird bzw. bereits im ersten Haushaltsjahr eine Haushaltssperre vom Kämmerer bzw. indirekt durch die Kommunalaufsicht verhängt wird (Holtkamp 2008b). Diejenigen Fachbereiche, die im ersten Budgetierungsjahr dennoch kooperierten und tatsächlich Einsparungen vorgenommen hatten, wurden zudem häufiger in den nächsten Jahren durch zentrale Eingriffe nach dem Rasenmäherprinzip demotiviert, weil sie die dann unter dem Konsolidierungsdruck noch mal erfolgenden pauschalen Kürzungen schwerer auffangen konnten als Fachbereiche, die im Zuge der Budgetierung nicht kooperierten und sogar zusätzliche „Speckpolster" anlegen konnten. Damit kann in den Fachbereichen die Nicht-Kooperation zur dominanten Strategie werden. Dies wiederum forcierte im nächsten Spielzug den Hierarchisierungsimpuls der Steuerungspolitiker bzw. der Kommunalaufsicht in NRW, womit durch Haushalts-

und Personalbesetzungssperren die Anreize für eine effiziente Mittelbewirtschaftung jenseits des Dezemberfiebers endgültig konterkariert werden.

Die outputorientierte Steuerung als zweites wesentliches Instrument des Neuen Steuerungsmodells schneidet in Bezug auf die Effizienz noch schlechter ab. Die outputorientierte Steuerung produzierte erhebliche Transaktionskosten (Kuhlmann/Wollmann 2006), ohne dass sie tatsächlich zur Steuerung der Budgets beiträgt. Die über Jahre in den Kommunalverwaltung erstellten produktorientierten Haushaltsbücher und Berichte wurden schließlich Ende der 1990er Jahre weitgehend „zu den Akten gelegt“ (Holtkamp 2000; Bogumil et al. 2007). Neben hohen Beraterkosten in größeren Stadtverwaltungen wurden durch die Erstellung von Produktkatalogen, Berichtswesen etc. in der Verwaltung erhebliche Personalkapazitäten gebunden.

Die geringe Steuerungsleistung der outputorientieren Steuerung lässt sich erstens auf die bereits im Rahmen der Aufgabenkritik abzeichnende Informationsüberlastung der Verwaltungsspitze und die interessengeleitete Weitergabe von Informationen zurückführen. Zweitens hat die Politik in der Regel keine klaren Ziele formuliert, an denen sich die Produkte hätten ausrichten können. Insgesamt tendieren die Parlamentarier weiterhin eher zur Detailintervention, während die Zieldiskussion als wenig folgenreich gilt. Das lässt sich auch darauf zurückführen, dass gerade die Wähler von ihren Ratsvertretern die Detailintervention im Einzelfall erwarten und eine demokratische Kontrolle der Verwaltung aus Sicht der Ratsvertreter nur möglich ist, wenn auch die Umsetzung von Detailfragen intensiv nachverfolgt wird. Bei begrenzten Handlungsspielräumen macht häufig nicht die abstrakte Zielsetzung, sondern die Art der Umsetzung das eigentlich Politische in der Kommune aus. Insbesondere aber werden grundsätzlich keine klaren, hierarchisierten Ziele von Politik oder Verwaltung formuliert, weil dann bei Verfehlen der Ziele der Opposition und der Lokalpresse „Munition“ für die öffentliche Auseinandersetzung geliefert wird.

Gerade die nordrhein-westfälischen Problemkommunen tendieren aufgrund der Ineffizienz des Neuen Steuerungsmodells Ende der 1990er Jahre wieder zu einer Re-Hierarchisierung. Nicht wirtschaftliche Anreize, die aus Sicht der Akteure nur für „Schönwetterzeiten“ in der Verwaltung taugen, sondern zentrale inkrementalistische Vorgaben und Kontrollen dominieren wieder die Szenerie (Bogumil et al. 2006, S. 143). Budgetreste werden zum

Ende des Jahres wieder gänzlich von der Kämmerei „eingezogen“ und zum Haushaltsausgleich genutzt. Die Budgetierung dient eher dazu, zentrale Einsparvorgaben auf der inputorientierten Basis des Vorjahres gleich nach der Rasenmähermethode in der Haushaltsplanung zu verteilen, während im Haushaltsvollzug zentrale Eingriffe jederzeit möglich und wahrscheinlich sind. Damit werden die Haushaltsprozesse hinter der häufig noch gepflegten Kulisse des Neuen Steuerungsmodells wieder am Leitbild der Haushaltskonsolidierung der 1980er Jahre und den in der Policy-Analyse im dritten Kapitel herausgearbeiteten Strategie ausgerichtet, mit zum Teil wiederum bemerkenswerten Spareffekten (Holtkamp 2000; Rein 2007, S. 197f.).

5.4 Fazit

Wenn man die Evaluationsergebnisse zu den Verwaltungsreformen zusammenführt, fällt ein Fazit nicht schwer:

Die Hierarchie scheint am geeignetsten, um das Allmendeproblem der Haushaltskonsolidierung zu lösen. Durch hierarchische Intervention können die konfligierenden Interessen der Akteure stärker auf den Haushaltsausgleich ausgerichtet werden, von dem langfristig alle Akteure profitieren können. Den dabei allerdings zu berücksichtigenden begrenzten Informations- und Konfliktregelungskapazitäten hierarchischer Steuerung tragen insbesondere inkrementalistische Sparansätze Rechnung, die sich an der „Rasenmähermethode“ orientieren. Diese Methode stößt in den Fachbereichen nur auf begrenzten Widerstand, weil sie an Gleichbehandlungsnormen anknüpfen kann und die relative Position der Ressorts unangetastet lässt. Zudem ist der Informationsbedarf der Verwaltungsführung bei dieser Methode gering, weil sie keine detaillierten Sparvorschläge entwickeln muss. Intransparente Sparansätze, bei denen bei der Konzepterstellung nur wenige beteiligt werden und die Entscheidungen unter massivem Zeitdruck durchgesetzt werden, „überrumpeln“ zudem den zu erwartenden fachpolitischen Widerstand.

Effizienzorientierte Verwaltungsreformen, die demgegenüber nicht auf eine stärkere hierarchische Steuerung, sondern auf Dezentralisierung von Budgetkompetenzen oder outputorientierte Steuerung abzielen, sind gemessen an ihrer eigenen Zielsetzung nicht erfolgreich. Sie bieten Fachverwaltungen, Fachpolitikern und Interessengruppen zusätzliche Handlungsspielräume, um ihre selektiven Interessen und Sichtweisen durchzusetzen. Zudem unterschätzen sie im gravierenden Maße die Transaktionskosten von Reformen und die Komplexität der Informationen, die bereits im traditionellen Haushaltsprozess in kürzester Zeit durch eingespielte Routinen verarbeitet werden müssen.

Diese empirischen Befunde zu Konsolidierungseffekten von hierarchisch-inkrementalistischen Eingriffen verwundern angesichts der Ergebnisse der vergleichenden Politikfeldanalyse nicht. Dennoch setzt die normativ ausgerichtete Verwaltungswissenschaft weiter auf rational-umfassende Planungsansätze. Große Hoffnungen werden insbesondere in die rechtlich vorgeschriebene Einführung der Doppik in vielen Kommunalverfassungen gesetzt. So ist beispielsweise das NKF für nordrhein-westfälische Kommunen nicht nur eine neue Variante der Rechnungslegung, sondern viele (bisher weitgehend gescheiterte) Elemente des Neuen Steuerungsmodells und des darauf aufbauenden strategischen Managements werden nun den Kommunen vorgeschrieben. So heißt es nun in den Erläuterungen zur Gemeindehaushaltsverordnung in NRW mit bemerkenswertem Reformoptimismus:

> „Die politische Steuerung in den Gemeinden wird sich mit der Einführung und Anwendung des Neuen Kommunalen Finanzmanagement grundlegend ändern (...) Es muss eine Verknüpfung zwischen Leitlinien, den örtlichen und strategischen Zielen und den daraus abgeleiteten Handlungen und deren Überprüfung (Messen der Zielerreichung und Umsetzbarkeit) bestehen" (Erläuterungen zu § 12 GemHVO NRW).

Weil dieses sehr voraussetzungsvolle Reformvorhaben nun „im Gesetz steht", wird auch in der normativen Verwaltungswissenschaft ein hoher Umsetzungsstand angenommen. Danach ist auf kommunaler Ebene aufgrund der neuen gesetzlichen Vorgaben flächendeckend eine stärkere Output- und Wirkungsorientierung der Haushaltsplanung zu konstatieren (so Proeller/Siegel 2009, S. 470).

Schaut man allerdings nicht nur in die Gesetzestexte, sondern auch in die bisher vorliegenden Evaluationen zum NKF, ergibt sich das seit Jahrzehnten gewohnte Bild bei rational-umfassenden Verwaltungsreformen. In der Praxis dominiert eine erhebliche Skepsis gegenüber diesen Steuerungsinstrumenten, wie auch die turnusmäßig durchgeführten Befragungen der nordrhein-westfälischen Kämmerer zum NKF deutlich zeigen:

„Die neue Steuerung über Ziele und Kennzahlen, aber auch die Einführung einer KLR und eines kommunalen Leitbilds haben bisher noch keinen hohen Stellenwert bei den Kämmereien erreicht".[1]

Im Vergleich zu früheren Befragungen sinkt 2008 stark die Hoffnung der nordrhein-westfälischen Kämmerer, dass die neue Arbeitsteilung zwischen Politik und Verwaltung nun auf gesetzlicher Grundlage umgesetzt werden kann. Waren im Jahre 2006 immerhin noch 58% der nordrhein-westfälischen Kämmerer der Meinung, dass durch NKF der Fokus der Politik auf die Ziele des Verwaltungshandelns gerichtet wird, stimmten diesem Statement zwei Jahre später nur noch 20% zu.

Dieser Ernüchterungsprozess deutet insgesamt darauf hin, dass ähnlich wie beim Neuen Steuerungsmodell schnell die nicht realisierbaren und die letztlich in der Praxis nicht effizienten Steuerungselemente in den Kommunen aussortiert werden und in der Haushaltskrise weiterhin inkrementalistische, hierarchische Eingriffe mit kurzatmig vorgebrachten Sparpaketen dominieren werden, die sich immer wieder in Bezug auf die Durchsetzung von Haushaltskonsolidierung als leistungsfähiger erwiesen haben.

1 Vgl. Ergebnisse der NKF-Befragung 2008, Düsseldorf.

6 Nordrhein-westfälische Städte unter Kommunalaufsicht

Während die Kombination von Haushaltssicherungskonzepten und Nothaushaltsrecht lange Zeit als erfolgreiches Rezept im Umgang mit der Haushaltskrise galt (Schuppert/Rossi 2006), erwiesen sich diese Sanktionsstufen schon Ende der 1990er Jahre als zunehmend wirkungslos. Anfangs hatten die noch wenigen nordrhein-westfälischen Haushaltssicherungskommunen die Drohung mit dem Nothaushaltsrecht und den damit verbundenen Kürzungen von Investitionskrediten sehr ernst genommen und deshalb beispielsweise Hebesätze erhöht und Personal durch natürliche Fluktuation abgebaut (Holtkamp 2000).

6.1 Haushaltsaufsicht als Massenbetrieb

Aber als für die Kommunen das Nothaushaltsrecht zunehmend zum Normalfall wurde, konnte die Kommunalaufsicht als Vetospieler kaum noch durch Androhung hierarchischer Eingriffe den notwendigen Verhandlungsdruck aufbauen, um die Defizite im Verwaltungshaushalt und die Kassenkredite zu reduzieren. Wie bereits skizziert, waren 2006 schließlich schon 25% der nordrhein-westfälischen Kommunen im Nothaushaltsrecht und mussten widerrechtlich die kurzfristigen Kassenkredite nutzen, um die jedes Jahr anfallenden laufenden Defizite abzudecken. Zugleich war klar, dass viele dieser Kommunen auch nicht mehr durch Konsolidierungsanstrengung dauerhaft aus dem Nothaushaltsrecht herauskommen konnten, weil der dafür nötige originäre Haushaltsausgleich für einen mittelfristigen Planungszeitraum nicht mehr darstellbar war (Holtkamp 2006). Weitere direkte Eingriffsrechte der Kommunalaufsicht in den Verwaltungshaushalt existierten nicht. Das hat eine gewisse „Machtlosigkeit der Kommunalaufsicht" zur Folge: „Sofern sich die Kommunen im Rahmen ihres Beurteilungsspielraums bewegen, sind der Kommunalaufsicht weitgehend die Hände gebunden" (Diemert 2005, S. 47; vgl. ähnlich Schwarting 2005). Hinzu kommt, dass das Sanktionspotential des Nothaushaltsrechts sich weitgehend auf Investitionen konzentriert und noch bedingt geeignet ist, die Begründung neuer laufender Ausgaben zu verhindern (Neueinstellungen, Beförderungen, neue freiwillige Zuschüsse). Das sind zwar für die Städte durchaus schmerzhafte Eingriffe in die kommunale Selbstverwaltung, weil die Kommunen damit faktisch über Jahre keine neuen Impulse setzen können. Aber die tradierte Kostenstruktur im Verwaltungshaushalt, die zur Reduzierung der Kassenkredite deutlich gekürzt werden müsste, kann die Kommunalaufsicht nicht direkt beeinflussen. Die Kommunen können also ihr Personal und ihre Infrastruktur auch unter dem restriktiven Nothaushaltsrecht weitgehend konservieren, was die nordrhein-westfälische Haushaltsaufsicht zu der Einschätzung veranlasste, dass sich einige Kommunen auf diese Art im Nothaushaltsrecht „gut eingerichtet" haben.[1]

Entscheidend kommt aber noch ein anderes grundlegendes Problem hinzu, das auch in der aktuellen Finanzkrise eine wichtige Rolle spielen wird. Mit zunehmender Anzahl der Problemkommunen werden die Kontrollen der Kommunalaufsicht oberflächlicher, weil das Prüfungspersonal mit der Lektüre der Haushaltssicherungskonzepte und der Einzelprüfungen im Nothaushaltsrecht überlastet ist und die Abstimmungskosten auch zwischen den Aufsichtsbehörden drastisch zunehmen (Holtkamp 2000; Schwarting 2005). Zudem sind härtere Eingriffe in die kommunale Selbstverwaltung schwerer umzusetzen, weil es eine große Anzahl der Kommunen treffen würde und damit viele Landtagswahlkreise und Landtagsabgeordnete gleichzeitig betroffen wären. Wird die Haushaltsaufsicht zum Massenbetrieb, kommt also die einzelne Kommune mit gravierenden Haushaltsproblemen in der „Horde häufig ungeschoren davon".

Das Innenministerium als oberste Kommunalaufsicht sieht seine wesentliche Aufgabe darin, den rechtswidrigen Zustand der dauerhaften Kommunalfinanzierung über vermeintlich kurzfristige Kassenkredite zumindest perspektivisch zu beenden. So titelte das Innenministerium 2004 im nordrhein-westfälischen Kommunalfinanzbericht: „Der Haushaltsausgleich muss Maßstab und Ziel bleiben" und machte deutlich, dass es seine Aufgabe darin sehe, den Nothaushaltsrechtkommunen „lästig zu werden" (Innenministerium NRW 2004, S. 48). Hierfür stand und steht ihr nach der Kommunalverfassung aber eigentlich nur der Staatskommissar („Beauftragte" nach GO NW) zur Verfügung, der anstelle von Rat und Bürgermeister tritt. Der Beauftragte wurde bisher aber nicht in NRW eingesetzt und auch in den anderen

1 Vgl. die Formulierungen im Erlass des Innenministeriums NRW von 2003 zum Umgang mit Kommunen ohne genehmigtes HSK

Bundesländern sind nur ganz wenige Fälle bei sehr kleinen Kommunen zu verzeichnen, die zudem auch nicht zu einer erfolgreichen Konsolidierung führten (Duve 2008). Deshalb konnte dieser Einsatz bisher auch keiner nordrhein-westfälischen Stadt glaubwürdig angedroht werden, wie dies auch von den Kämmereien in den einschlägigen Fachzeitschriften immer wieder dargelegt wurde. Neben massiven rechtlichen Nachweispflichten und Prozessrisiken (Meier 1995; Buck 2009) ist ein solch historischer Eingriff in die großstädtische Selbstverwaltung kaum politisch vermittelbar (Busch 2010, S. 44).

Deshalb hat die nordrhein-westfälische Kommunalaufsicht 2006 ein neues Sanktionsinstrument außerhalb der Kommunalverfassung entwickelt. Danach wird ein Berater von der Kommunalaufsicht jahrelang in den Rathäusern von Kommunen mit sehr hohen Kassenkrediten (auf ihre Kosten) untergebracht. Werden seine Ratschläge nicht umgesetzt, wird offensiv mit der Bestellung eines „richtigen" Staatskommissars gedroht. Die in den kreisangehörigen Städten Marl und Waltrop seit 2006 eingesetzten beratenden Sparkommissare haben mittlerweile ihre Aufgabe aus Sicht der Haushaltsaufsicht erfüllt und auch der beratende Sparkommissar in der Großstadt Hagen wurde wieder abgezogen.

Geht man von den Bilanzen der Kommunalaufsicht und den hiervon angeleiteten verwaltungswissenschaftlichen Veröffentlichungen aus, ist dieses neue Instrument erfolgreich und sollte auch in anderen Kommunen eingesetzt werden. „Die Stadt Marl kann somit heute finanziell mit einiger Zuversicht in ihre Zukunft schauen", ließ der Regierungspräsident bei der feierlichen Verabschiedung des beratenden Sparkommissars in Marl verlautbaren.[2] Die mit 30.000 Einwohnern deutlich kleinere Stadt Waltrop, ebenfalls im Kreis Recklinghausen gelegen, ist nach Angaben des RP durch den beratenden Sparkommissar sogar „gesund gespart worden".[3] Dementsprechend wird der beratende Sparkommissar auch durch die Verwaltungswissenschaft als Erfolgmodell für die anderen Bundesländer empfohlen. Das neue Aufsichtsinstrument soll danach in den Kommunalverfassungen fest verankert werden, weil es deutlich effektiver als ein „richtiger" Staatskommissar sei (Duve 2008, S. 292). Der beratende

2 „Rudolf Pezely geht als Berater der Stadt Marl von Bord", Pressemitteilung der Bezirksregierung Münster vom 11.8.08.

3 „Gesund gespart worden", in: Bezirksregierung Münster 2009: Jahresrückblick 2008, Münster, S. 41.

Sparkommissar könne sich ganz „auf die Konsolidierung des kommunalen Haushalts konzentrieren und dürfte weniger eskalierend sowie kooperationsfördernder als ein Beauftragter (Staatskommissar) wirken“ (Glöckner/Mühlenhaupt 2009, S. 420).

Die empirische Evaluation des Marler, Waltroper und Hagener Falls verdeutlicht demgegenüber gerade in fokussierter Form die massiven Probleme der Kommunalaufsicht und der Städte in extremen Haushaltsnotlagen (Timm-Arnold 2010; vgl. ausführlich Holtkamp 2009).

6.2 Beratende Sparkommissare im Einsatz

Bereits die Ausgangssituation der Problemkommunen im Ruhrgebiet und insbesondere im Kreis Recklinghausen wurde von der Kommunalaufsicht offenbar falsch eingeschätzt. Das Innenministerium bestand immer wieder darauf, dass die „Aussichten für die Haushaltskonsolidierung für die Städte im Kreis Recklinghausen (...) grundsätzlich keine anderen als für andere kreisangehörige Gemeinden oder kreisfreie Städte im Land Nordrhein-Westfalen“ seien (Landtag NRW Drs. 14/4827, S. 4). In wissenschaftlichen Untersuchungen wurde demgegenüber immer wieder betont, dass aufgrund der Lage im strukturschwächsten Teil des Ruhrgebietes und der relativ großen Kommunen im einwohnerstärksten Kreis (645.0000 Einwohner), die sozial- und wirtschaftstrukturelle Ausgangslage im Vergleich zu den anderen kreisangehörigen Kommunen besonders schwer ist und deshalb schon Ende der 1990er Jahre ausgeschlossen werden konnte, dass die Problemkommunen Waltrop und Marl aus eigener Kraft die aufgetürmten Kassenkredite jemals wieder abbauen können (Holtkamp 2000; Timm-Arnold 2010). Die SGB-II-Quote (Hilfebedürftige des SGB II bezogen auf die Einwohner unter 65 Jahre) liegt im Kreis Recklinghausen aktuell bei 14,2% und damit um gut zwei Drittel höher als im Durchschnitt der alten Bundesländer. Zudem zeichnet sich der Kreis Recklinghausen durch eine deutlich niedrigere Erwerbstätigendichte und ein niedriges Bruttoinlandsprodukt aus, die beide unter dem Durchschnitt in Ostdeutschland liegen, „dem angesichts des dortigen Strukturwandels eine besonders ungünstige Situation attestiert wird“ (Junkernheinrich et al. 2009a, S. 71). Dementsprechend unterscheiden sich die Gemeinden des Kreises Recklinghausen grundlegend von anderen nordrhein-westfälischen Gemeinden durch höhere Sozialkosten und sehr geringe Gewerbesteuereinnahmen, wobei diese sich öffnende Schere nur vollkommen unzureichend durch den kommunalen Finanzausgleich abgedeckt wird (ebd., S. 59ff.). Aufgrund dieser Vorbelastungen landeten schließlich alle zehn Städte des Kreises Recklinghausen, bei sehr unterschiedlichen Entscheidungsstrukturen und variierender Intensität der eigenen Konsolidierungsanstrengungen, mit hohen Kassenkrediten im Nothaushaltsrecht. Deshalb fallen auch immerhin acht Kommunen des Kreises Recklinghausen unter die Top-Ten der kreisangehörigen Kommunen mit den höchsten Kassenkrediten pro Einwohner. Von den übrigen 363 kreisangehörigen Kommunen in nordrhein-westfälischen Kreisen befinden sich damit nur zwei in dieser Top-Ten-Liste.[4] Ein Blick auf die Abbildung der Kassenkredite pro Einwohner der Stadt Waltrop als Führende unter den Top-Ten vermittelt einen ersten Eindruck von der Verschuldungsdynamik in den Problemkommunen. Fast in jedem Jahr nach der Wiedervereinigung muss die Stadt zusätzlich zu den Kassenkrediten für Altfehlbeträge der letzten Jahre wieder einen neuen Kassenkredit für das jeweils aktuelle Defizit aufnehmen.

Deshalb führten die Vorstellungen des Innenministeriums, nach denen Kassenkredite nach den Kommunalverfassungen aller

Kassenkredite pro Einwohner von 1991 bis 2007 in der Stadt Waltrop *Abb. 10*

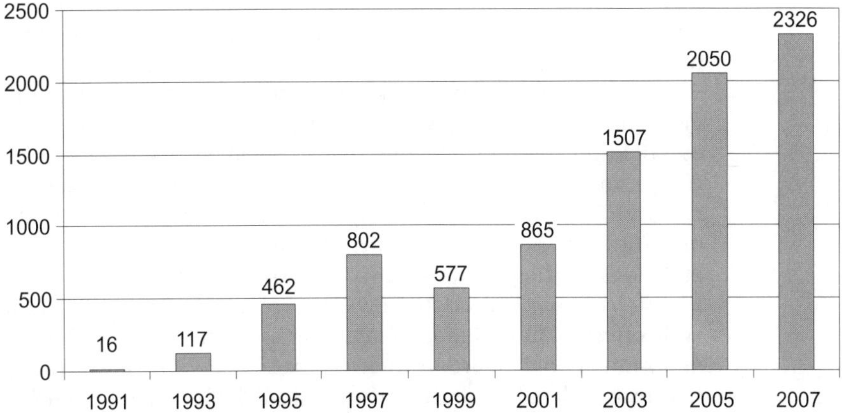

Quelle: eigene Darstellung nach Landtag NRW Drs. 14/4827; Jahresrechnung 2007 anhand von Angaben des Innenministeriums vom 8.12.08.

4 Vgl. die Anlagen 8.1 und 8.2 in Landtag NRW Drs. 14/4827.

Bundesländer nur kurzfristig aufzunehmen seien und möglichst unverzüglich wieder auf Null zurückzuführen sind, auf Unverständnis und Sarkasmus in den drei Untersuchungskommunen. Über die Fachzeitschriften wendete sich die Kämmerei der Stadt Hagen beispielsweise an die Kommunalaufsicht, um offensichtliche Kommunikationsprobleme zu klären:

> „Der Stand der Kassenkredite ist Spiegelbild der bei der Kommune anfallenden Defizite durch nicht auszugleichende Haushalte. Die Ausgaben, die eben nicht durch die Einnahmen gedeckt werden können, sind durch einen Kassenkredit zu finanzieren. Wie sonst!" (Grehling 2005, S. 28).

Die Situationsdeutungen konnten also vor dem Einsatz der beratenden Sparkommissare kaum unterschiedlicher sein, die dementsprechend als Aufsichtsmittel auch kaum auf Akzeptanz vor Ort stießen (vgl. ausführlich Holtkamp 2009).

Sicherlich kann man diese Konflikte nicht ausschließlich darauf zurückführen, dass hier juristische Normvorstellungen auf die finanzpolitische Verfassungsrealität vor Ort stießen. Alle drei Problemkommunen hatten in der Vergangenheit neben den hohen Belastungen durch Sozialausgaben deutlich über ihre Verhältnisse gelebt. Ein kleinerer Teil der wachsenden Kassenkredite ist eindeutig endogen verursacht, während der größere Teil durch den exogen herangetragenen „Aufbau Ost", durch die Überwälzung neuer Aufgaben, durch höhere Standards und durch die steigende Arbeitslosigkeit seit Anfang der 1990er Jahre (samt Zinseszins-Effekt) aufgetürmt wurde.[5]

Erstens wird in der rückblickenden Analyse klar, dass die Problemkommunen aus Sicht der Haushaltskonsolidierung stadtentwicklungspolitische Fehler gemacht haben. So hat die Stadt Hagen kaum auf den extremen Bevölkerungsrückgang reagiert und ihre Infrastruktur nicht angepasst. Die Stadt Marl hatte sich mit Förderung der Landesentwicklungsplanung schon in den 1970er Jahren eine großstädtische Infrastruktur zugelegt, aber hat niemals annähernd 100.000 Einwohner erreicht. Die Stadt Waltrop hat schließlich lange Zeit versucht zu wachsen. Immer neue Baugebiete wurden ausgewiesen, der Planwertzuwachs wurde bei den Honoratioren der Stadt belassen und die Erschließungskosten nur spärlich umgelegt, um junge Familien mit

5 Vgl. zu den empirischen Einzelnachweisen nach Haushaltsstellen für die Kommunen im Kreis Recklinghausen Junkernheinrich et al. 2009a.

Kindern zu fördern. Zugleich wuchsen die Ansprüche an die Infrastruktur, die überwiegend über hohe langfristige Kredite finanziert wurden, auch als sich schon Defizite im Verwaltungshaushalt abzeichneten. Im Kern reagierten alle drei Städte bei überdurchschnittlich „guter" Personalausstattung und Infrastruktur etwas zu verhalten auf die steigenden Defizite und nachdem sich das Nothaushaltsrecht als Gewissheit abzeichnete, wurde in den kreisangehörigen Kommunen inoffiziell die Haushaltskonsolidierung eingestellt. Der Politikwissenschaftler und zwischenzeitliche beratende Sparkommissar von Hagen hat diese Ausgangslage in den Problemkommunen analytisch zugespitzt als Fiskalillusion gefasst: Die fortwährende Aufnahme von Kassenkrediten als schuldenbasierte Liquidität habe die Illusion genährt,

> „der wirtschaftliche, soziale und demografische Strukturwandel sei ohne Kursänderungen beherrschbar. Für die Politik hatte dies den Vorteil, ihre Wiederwahlchancen nicht durch Offenlegung der tatsächlichen Kosten ihres Handelns bzw. Unterlassens zu gefährden. Die Verwaltung konnte ihren aufgeblähten Apparat pflegen… Die Einwohner wiederum wähnten sich in der Lage, konsumieren zu können, ohne entbehren zu müssen" (Bajohr 2009, S. 174).

Schließlich fügten sich die politikzentrierten Bürgermeister ohne Verwaltungsführungserfahrung und mit limitiertem Konsolidierungswillen nahtlos in diese expansiven Akteurskonstellationen der Untersuchungskommunen ein.

Aber das hätte insgesamt wohl nicht zur Entsendung der beratenden Sparkommissare ausgereicht, wenn für die Kommunalaufsicht und die Öffentlichkeit nicht andere Formen des Missmanagements in allen drei Kommunen als empirische Belege für die „Verschwendungsthese" unübersehbar gewesen wären. In der Stadt Waltrop wurde mit allen Schachzügen entgegen den ausdrücklichen Weisungen der Kommunalaufsicht der Bau eines neuen Freibads finanziert, das für die wenigen Wettkämpfe der Sportvereine längere Schwimmbahnen realisierte. Als die politikzentrierte Bürgermeisterin danach von der Kommunalaufsicht unter Druck gesetzt wurde, diesmal nicht wieder „geschönte" Haushaltspläne mit fiktiven Vermögenserlösen einzureichen, wurde ein Haushalt mit dem größten Defizit und Kassenkreditvolumen im intertemporalen und interkommunalen Vergleich aufgestellt. Der Haushaltsplan enthielt keine erkennbaren Kürzungsanstrengungen und es wurden keine zukünftigen Konsolidierungsperspektiven aufgezeigt. Daraufhin sah die Kommunalaufsicht einen akuten Handlungsbedarf. Im Verwaltungsakt der Bezirksregierung zur Bestellung des beratenden Sparkommissars heißt es deshalb entsprechend den haushaltsrechtlichen Normvorstellungen: „Die von der Stadt Waltrop umfangreich praktizierte rechtswidrige Verwendung von Kassenkrediten über die kurzfristige Liquiditätssicherung hinaus kann nicht länger geduldet werden, um eine Zahlungsunfähigkeit der Stadt abzuwenden".

In der Stadt Marl gab es andere endogene Probleme. Die politikzentrierte Bürgermeisterin, die aus der CDU nach der Wahl ausgetreten war, lag in einem grundsätzlichen Konflikt mit der Ratsmehrheit (Kohabitationskonstellation). Beide Organe blockierten sich in einem so starken Maße, dass sie nicht in der Lage waren überhaupt einen Haushaltsplan gemeinsam aufzustellen. Folglich kam die Kommunalaufsicht zu der Einschätzung, dass die Haushaltskonsolidierung extrem gefährdet sei.[6] Deshalb wurde, anders als in Waltrop, auf ausdrücklichen Wunsch der Bürgermeisterin und des Stadtrates ein beratender Sparkommissar von der Kommunalaufsicht bestellt, um diese Konflikte zu reduzieren und ein genehmigungsfähiges Haushaltssicherungskonzept aufzustellen.

Die Stadt Hagen schließlich sorgte dadurch für bundesweite Aufmerksamkeit, dass die Kämmerei in spekulativen Derivaten-Geschäften insgesamt ca. 40 Millionen Euro verspielte, ohne dass hierfür in Verwaltung oder Politik jemand haftungsrechtlich zur Verantwortung gezogen wurde.

In allen drei Fällen konnte die Kommunalaufsicht also davon ausgehen, dass nicht unerhebliche Anteile der Kassenkredite neben den hohen Sozialausgaben auch endogen produziert waren und deshalb auch repressive Mittel der Kommunalaufsicht politisch legitimierbar waren.

Nach der Beendigung des Einsatzes der beratenden Sparkommissare in allen drei Städten muss man für die Haushaltskonsolidierung eine ernüchternde Bilanz ziehen.

Die Kassenkredite, die durch die Altfehlbeträge entstanden sind, wurden nicht abgebaut, sondern durch neue Defizite unter dem beratenden Sparkommissar weiter angehäuft. Der Verschul-

---

6 Bezirksregierung Münster: „Chance für Marl? Bezirksregierung Münster beruft Rudolf Pezely als externen Berater", Pressemitteilung der Bezirksregierung vom 12.6.07.

dungstrend konnte damit nicht gestoppt werden, sondern hat sich durch die erhöhten Zinszahlungen weiter verschärft. Die in allen drei Städten „umfangreich praktizierte rechtswidrige Verwendung von Kassenkrediten über die kurzfristige Liquiditätssicherung hinaus", die zuvor als Begründung für den dringenden Handlungsbedarf angeführt wurde, hat weiter zugenommen.

Die Rücktritte bzw. Rücktrittsgesuche der beratenden Sparkommissare in allen Untersuchungskommunen nach nur kurzer Amtszeit deuten ebenfalls nicht auf einen Erfolg des Aufsichtsmittels hin. In Marl trat der beratende Sparkommissar zurück, weil die Konflikte mit der Bürgermeisterin nicht im Ansatz beizulegen waren. Die „Beratungsresistenz an der Spitze des Hauses sei Hauptgrund für seine Kündigung", kommentierte er die Gründe für seinen Rücktritt.[7] In der Stadt Waltrop erklärte der beratende Sparkommissar nach einer engagierten Einführungsphase resigniert: „Es ist einfach zu wenig Geld da" und alle eingeleiteten positiven Entwicklungen „werden durch die Erhöhung der Kreisumlage gleich wieder aufgefressen", die im Wesentlichen auf die extrem steigenden Sozialausgaben zurückzuführen ist (Waltroper Zeitung 20.11.07). Wohl auch deshalb und wegen massiver Konflikte mit der Bürgermeisterin bat der beratende Sparkommissar schon 2007 die Kommunalaufsicht, ihn von seiner Aufgabe zu entbinden, und er begrenzte sein zeitliches Engagement und das Honorar, das von der hochverschuldeten Stadt Waltrop zu tragen war, deutlich.

Dabei gelang es zumindest im Waltroper Fall, einen Teil der Infrastruktur zurückzuführen. Entgegen allen kommunalpolitischen Absichtserklärungen wurde so vom Stadtrat die Schließung aller (überdachten) Bäder in der 30.000-Einwohner Stadt beschlossen, nachdem der Regierungspräsident, abgelichtet mit drohendem Zeigefinger auf Seite 1 der Lokalzeitung, diese Ratssitzung zur „Nagelprobe" erklärte und bereits in der Schlagzeile mit dem Austausch des Rates durch einen Beauftragten drohte (Waltroper Zeitung 2.11.06).

In der Großstadt Hagen traten kurz nach Einführung des beratenden Sparkommissars ganz ähnliche Konflikte mit dem Verwaltungschef und dem Rat auf, die bei dem höheren Selbstbewusstsein der Großstadtakteure nicht mehr durch Drohungen der Kommunalaufsicht beigelegt werden konnten. Die Kommunalaufsicht versuchte beispielsweise durch Anordnung der

7 „Sparberater wird zum Kronzeugen"; WAZ Marl vom 19.6.08.

Schließung einiger Schulstandorte die allgemeinen Empfehlungen des beratenden Sparkommissars gegen den Rat und ein Bürgerbegehren durchzusetzen. Gegen die sofortige Vollziehung der Anordnung reichte der Rat der Stadt Hagen Klage ein. Nach Beschluss des Oberverwaltungsgerichts Münster musste die Stadt Hagen der Anordnung des Regierungspräsidenten nicht nachkommen. Der Kommunalaufsicht wurde nahe gelegt, sich noch intensiver in die Erarbeitung eines Gesamtkonzeptes zum Schuldenabbau in der Stadt Hagen einzubringen. Diese Aufforderung des OVG beendete das Modell des beratenden Sparkommissars in Hagen vorzeitig (Bajohr 2009, S. 184), weil nun die Kommunalaufsicht direkt mit der Stadt Hagen über ein Gesamtkonzept verhandelte und der beratende Sparkommissar zugleich zurücktrat.[8] Das OVG-Urteil lag damit auf der Linie der bisherigen Verwaltungsgerichtsrechtsprechung und der herrschenden Meinung führender Kommunalrechtler. Das verfassungsrechtlich geschützte Selbstverwaltungsrecht der Gemeinden verbietet in aller Regel den umfassenden Zugriff der Kommunalaufsicht auf die Einzelpositionen im Kommunalhaushalt. Zugleich werden in dem Urteil die rechtlichen Grundlagen für hierarchische Interventionen im Rahmen des Nothaushaltsrechts „empfindlich geschwächt“, weil festgestellt wird, dass es formal „kein Instrumentarium der Haushaltskonsolidierung sei, sondern vor allem dem Schutz des Rates vor eigenmächtigen Entscheidungen der Verwaltung diene“ (Busch 2010, S. 45).

Insgesamt ist also der beratende Sparkommissar rechtlich kein Ersatz für die notwendigen Bemühungen der Kommunalaufsicht um ein Sparkonzept, das einer Verwendung noch repressiverer Aufsichtmittel (Anordnungen, Bestellung von „richtigen“ Staatskommissaren etc.) vorausgehen müsste. Damit lässt sich mit der Berufung von beratenden Sparkommissaren bereits aus rechtlicher Sicht nicht glaubwürdig die Bestellung von Staatskommissaren als Damoklesschwert androhen. Selbst die Bestellung von beratenden Sparkommissaren gilt nach herrschender juristischer Meinung „als nicht rechtmäßig“ (Buck 2009, S. 171), was die Verbreitung dieses Modells zusätzlich erschweren dürfte.

8 „Prof. Dr. Stefan Bajohr bittet um Rücktritt – Hagens Mentor spart sich selbst weg“, Westfalenpost 28.1.09.

6.3 Aktuelle Situation in Kommunen unter Aufsicht

Aktuell zeigt sich in den Untersuchungskommunen wieder das gewohnte Bild. Alle drei Ruhrgebietskommunen befinden sich 2009 erwartungsgemäß im Nothaushaltsrecht. Die eingangs zitierten Erfolgsmeldungen der Kommunalaufsicht bezogen sich darauf, dass es den beratenden Sparkommissaren teilweise gelang, ein für ein Jahr genehmigungsfähiges Haushaltssicherungskonzept trotz steigender Kassenkredite zu erwirken.

Dies war in der Stadt Waltrop nur durch die Einführung der Doppik (NKF) möglich. Hierdurch können nach nordrhein-westfälischem Haushaltsrecht die Fehlbeträge im Ergebnishaushalt über eine Ausgleichsrücklage mit dem „neuen" kommunalen Vermögen verbucht werden. Die Schätzwerte von wenig marktgängigen Straßen und Wäldern werden in der Bilanz verrechnet mit den hohen strukturellen Defiziten mit erheblichen realen Belastungen über die steigenden Zinsleistungen. Das geschätzte Vermögen ist aber in kurzer Zeit durch die hohen originären Fehlbeträge aufgebraucht. So wurde auch in Waltrop bereits das Haushaltssicherungskonzept 2009 wieder nicht genehmigt. Die Bezirksregierung ordnete die Stadt, die nur wenige Monate zuvor noch als „gesund gesparte" Schuldenhauptstadt von ihr ausgezeichnet wurde, nun wieder als Kommune mit „drohender Überschuldung"[9] ein, bei der das Nothaushaltsrecht konsequenter als zuvor angewendet werden soll. In Waltrop wird nach den vorliegenden Prognosen der Verwaltung, genauso wie in Marl, im Jahre 2011 das Eigenkapital verbraucht sein und damit die Überschuldung eintreten.

Noch schwieriger ist die Finanzsituation in der Stadt Hagen. Die Stadt ist 2009 bereits überschuldet und weist ein stark steigendes, negatives Eigenkapital aus. Daran haben beratende Sparkommissare und gemeinsam mit der Kommunalaufsicht inszenierte Zukunftskommissionen wenig ändern können.

So kommen, nachdem die Anzahl der Nothaushaltskommunen durch die Ausgleichsrücklage gemäß NKF erheblich reduziert werden konnte, die langjährigen Problemkommunen Zug um Zug wieder in das Nothaushaltsrecht, wie es der Kölner RP

9 vgl. Schreiben des Kreises Recklinghausen in Abstimmung mit der Bezirksregierung an die Stadt Waltrop zu „Investitionsvorhaben in Kommunen mit vorläufiger Haushaltswirtschaft" vom 28.8.09.

in rheinischer Gelassenheit als Kommunalaufsicht zuvor schon prognostizierte:

> „Die Umstellung auf das Neue Kommunale Finanzmanagement (NKF) schönt das Bild der Kassenlage (...) Wenn der Griff in diese Rücklage erfolgt, gilt der Haushalt nach dem Gesetz zwar als ‚fiktiv ausgeglichen', aber es wird der vorrätige Speck verzehrt. Und wenn nun in einem oder zwei Jahren die Ausgleichsrücklage verbraucht ist, befindet sich die Kommune im gleichen Haushaltszustand wie zuvor, und das heißt HSK oder Nothaushalt."[10]

Knapp 90% der nordrhein-westfälischen Kommunen konnten 2009 den Haushalt nur noch fiktiv durch die Rücklage ausgleichen bzw. konnten den Haushaltsausgleich bereits nicht mehr darstellen (Innenministerium NRW 2009, S. 13). Nach konservativen Schätzungen der Landesregierung wird sich die Anzahl der überschuldeten Kommunen in NRW mit negativem Eigenkapital bis 2013 auf 40 erhöhen (Ende 2009 sind es derzeit fünf Kommunen mit negativem Eigenkapital). Über die Hälfte dieser überschuldeten Kommunen wird danach im Ruhrgebiet liegen[11], wie es bereits die im zweiten Kapitel skizzierten, rapide gestiegenen Kassenkredite in dieser Region erwarten ließen.

Die Überschuldung und die Kassenkredite werden in NRW-Kommunen weiter steigen und die Kommunalaufsicht wird mit dem „stumpfen Schwert" des Nothaushaltsrechts weiter operieren. Auch dann wird sich wieder zeigen, dass die Kommunalaufsicht letztlich nicht über das hierarchische Steuerungspotential und die nötigen Informationskapazitäten verfügt, um bei steigenden Kassenkrediten als Massenphänomen die durchaus vorhandenen endogenen Konsolidierungspotentiale auch nur annähernd zu mobilisieren.

10 vgl. Bezirksregierung Köln 2008: Aktuelle Entwicklung der Kommunalhaushalte, Presseinformation 25/2008

11 vgl. Landtag NRW Drucksache 14/10577; Antwort der Landesregierung vom 22.1.2010 auf die kleine Anfrage der Abgeordneten Horst Becker und Ewald Groth.

7 Handlungsoptionen in der kommunalen Haushaltskrise

Die empirischen Ergebnisse der bisherigen Analyse lassen sich dahingehend zusammenfassen, dass es eher unwahrscheinlich ist, dass die von den Vertretern der Opfer- bzw. der Verschwendungsthese propagierten umfassenden Problemlösungen tatsächlich für die kommunale Haushaltspolitik greifen werden. Formen des New Public Managements, des Neuen Kommunalen Finanzsystems (NKF) oder des strategischen Managements, die auf dezentrale Anreize für Fachpolitiker und output- oder outcomeorientierte Steuerung setzen, um die endogenen Potentiale „verschwenderischer" kommunaler Akteure zu erschließen, haben sich gerade unter starkem Konsolidierungsdruck nicht bewährt. In der kommunalen Haushaltskrise dominieren immer wieder inputorientierte, hierarchische Eingriffe der Steuerungspolitiker, durch die keine dauerhaft verlässlichen Anreizstrukturen für die Fachbereiche geschaffen werden. Reagieren die Fachbereiche nicht im gewünschten Maße auf die neuen Anreize, oder die Gewerbesteuern brechen konjunkturbedingt ein oder die jeweilige Bundesregierung verteilt neue „Steuergeschenke", ist immer wieder ein Eingreifen der Kämmerei und der Kommunalaufsicht möglich. Die kaum mögliche Planbarkeit der kommunalen Haushaltspolitik erschwert nicht nur verlässliche Budgetierungsregeln für die Fachbereiche, sondern die damit verbundene Kurzatmigkeit des politischen Prozesses nährt begründete Zweifel der Akteure an der Effizienz und Effektivität von Formen der outputorientierten Steuerung. Der immense Zeitbedarf für den Aufbau von komplexen Produktkatalogen, Ziel- und Indikatorensystemen und für die Verarbeitung dieser Informationen verträgt sich kaum mit dem in der Haushaltskrise sich zuspitzenden kurzfristigen Interventions- und Reaktionsbedarf der Akteure. Bereits deshalb – also ohne Berücksichtigung der vielfältigen, widerstreitenden Akteursinteressen – ist kaum zu erwarten, dass diese komplexen Planungssysteme eine nennenswerte Steuerungswirkung auf die konkreten Haushaltsansätze im Budgetberatungsprozess entfachen können. Die Folge sind zumeist kostenintensive Datenfriedhöfe, die man sich gerade in der Haushaltskrise kaum leisten kann.

Die mit der „Opferthese“ verbundene Forderung nach einer angemessenen kommunalen Finanzausstattung und nach dem Ausgleich von exogen verursachten Haushaltsdefiziten durch Bund und Länder dürfte in der Finanzkrise wohl kaum in hinreichendem Maße umgesetzt werden. Die Höhe der bisher aufgelaufenen kommunalen Kassenkredite und der prognostizierten zukünftigen Defizite könnte nur durch einen sehr großen Kraftakt der höheren Ebenen geschultert werden, die derzeit selbst durch stark steigende Defizite und die im Grundgesetz neu verankerte Schuldenbremse einen ganz erheblichen Konsolidierungsdruck zu verzeichnen haben. Da die Kommunen zudem keine ernstzunehmenden Vetospieler in der föderalen Arena sind und sich selbst kaum auf die primären Ziele solcher Finanzzuweisungen einigen könnten (Altschuldenabbau für die Problemkommunen oder Entlastung für alle Kommunen), ist eher davon auszugehen, dass die Defizite in vielen Kommunen weiter steigen werden. Mit Finanzhilfen und grundlegenden Reformen der Gemeindefinanzen sowie der föderalen Aufgabenverteilung, die über symbolische „Feuerwehrtöpfe“ hinausgehen, können die Kommunen sicherlich nicht rechnen. Es zeichnen sich im Gegenteil eher Formen der repressiven Kommunalaufsicht ab, die, wie die Analyse der beratenden Sparkommissare gezeigt hat, aber sicherlich auch keine Lösung der Haushaltsprobleme erwirken können. Insgesamt können sich viele Kommunen also auf eine lange Phase der Haushaltspolitik „bei leeren Kassen“ bei Dominanz von repressiven Aufsichtsinstrumenten einstellen. Die Kommunen müssen sich deshalb auf ihre eigenen (noch verbliebenen) politischen „Gestaltungsmöglichkeiten besinnen“ (Rehm/Matern-Rehm 2010, S. 398), wenn sie sich nicht auf zeitlich und inhaltlich vollkommen ungewisse institutionelle Reformen des föderalen Systems verlassen wollen.

Unter den skizzierten schwierigen Rahmenbedingungen, die gerade die Problemkommunen (unabhängig von den ursprünglichen Ursachen von Defiziten) allein schon mit Verweis auf die aufgelaufenen hohen Zinsleistungen zu Recht als „Vergeblichkeitsfalle“ kritisieren können, wird die einzelne Kommune vor Ort sich mit weniger „erbaulichen“ Strategien befassen müssen. Die im „Elfenbeinturm“ entwickelten optimalen Problemlösungen stehen hier real nicht zur Verfügung. Es geht eher um Formen des Durchwurstelns bei zum Teil sehr widersprüchlichen oder unerreichbaren Zielen. Die Haushaltskrise ist aber nicht das Ende der Politik und alternativer Entscheidungsmöglichkeiten, wie es von Entscheidungsträgern nicht selten zur Legitimationsentlastung angeführt wird. Ganz im Gegenteil: Gerade in diesen schwierigen Konfliktsituationen muss zwischen unterschiedlichen politischen Zielsetzungen gerungen und entschieden werden. Dabei lassen sich für die divergierenden Ziele – strikte Haushaltskonsolidierung, Erhalt der kommunalen Infrastruktur und demokratische Transparenz und Partizipation – jeweils gute Argumente anführen. Deshalb handelt es sich gerade bei den hierbei zu erwartenden Zielkonflikten um eminent politische Entscheidungen, die nicht nach wissenschaftlich eindeutigen Kriterien gefällt werden können. Die wissenschaftliche Analyse kann aber zumindest die empirisch eingeschlagenen Pfade beschreiben und danach bewerten, ob sie geeignet sind, die politisch gesetzten Ziele zu erreichen. Das soll nun abschließend für kurzfristig kommunal realisierbare Handlungsszenarien durchgespielt werden.

7.1 Hierarchisierung

In den vorangehenden empirischen Analysen konnte belegt werden, dass eine Hierarchisierung der Haushaltspolitik durch Kommunalverfassungsreformen und die bewusste Bürgermeisterauswahl erhebliche Konsolidierungseffekte erbringen kann. In der aktuellen Finanzkrise bei akutem Handlungsdruck geben diese Ergebnisse allerdings nur im begrenzten Maße für die Praxis eine hilfreiche Orientierung. Wichtiger für kurzfristige Sparerfolge sind mikropolitische Strategien, die zügig eine Hierarchisierung bewirken können:

• *Zentralisierung:*
Haushaltskonsolidierung geht von der Verwaltungsspitze und der Kämmerei (am besten am Anfang der Legislaturperiode) aus. Sparvorschläge werden entweder in einer „vertrauten“ Runde mit loyalen Verwaltungsmitarbeitern oder durch Unternehmensberatungen entwickelt. Hieran werden die Fachämter, der Stadtrat, die Öffentlichkeit und der Personalrat nur begrenzt beteiligt.

• *Inkrementalismus*:
Relevant sind kurzfristig erzielbare Einsparpotenziale und damit die Konzentration auf die wichtigsten Ausgabe- und Einnahmepositionen, die geringen rechtlichen Bindungen unterliegen. Sperrige Berichte über Ziele, Output-Indikatoren und Zielerreichung erschweren eher zügige Entscheidungen bzw. produzie-

ren erhebliche Transaktionskosten. Zentral ist vielmehr, welche Konsolidierungsstrategien wenig öffentliche Widerstände provozieren, damit die Verwaltungsleitung weiter das „Heft des Handelns“ in der Hand behält und der Rat nicht von sich aus aktiv wird. Üblich sind dabei beispielsweise die Gleichverteilung von Lasten durch die „Rasenmähermethode“ und kleinschrittige Veränderungen auf der Grundlage der Haushaltsansätze des Vorjahres. Weitere Orientierungen und Legitimationsargumente für etwas differenziertere Konsolidierungsansätze können interkommunale Vergleiche zu den Zuschussbedarfen geben.

- *Konsolidierungserzählung:*
Der Verwaltungschef und der Kämmerer werben in der Öffentlichkeit für Unterstützung, indem sie das entwickelte Sparpaket als alternativlos darstellen. Öffentlichkeit und Stadtrat wird suggeriert, dass es eigentlich nichts mehr zu entscheiden gibt, womit die Politik von Verantwortung „entlastet“ wird. Die Konsolidierungsmaßnahmen werden mit einem einfachen Ziel verbunden. Bei noch nicht ganz aussichtsloser Haushaltslage wird der mittelfristige Haushaltsausgleich als Ziel ausgegeben, bei schwierigerer Lage wird die Verhinderung von stärkeren Eingriffen der Kommunalaufsicht (z.B. Bestellung von Sparkommissaren) in den Vordergrund gestellt.

- *Zeitdruck:*
Damit wird Interessengruppen, Fachverwaltungen und Fachausschüssen nur wenig Zeit gegeben zu opponieren und die Ratsmitglieder zu beeinflussen. Diese können sich unter Zeitdruck auf entlastende Konsolidierungserzählungen stützen, insbesondere wenn die Konsolidierungsentscheidungen so ausgewählt wurden, dass sie keine starken politischen Widerstände provozieren.

Allerdings dürften die Möglichkeiten des Verwaltungschefs, von diesen Strategien erfolgreich im Sinne der Haushaltskonsolidierung Gebrauch zu machen, zumindest bedingt wiederum von der rechtlichen Kompetenzverteilung in der Kommunalverfassung und von den Ratsmehrheiten abhängig sein. Diese Restriktionen dürften insbesondere mit steigendem Konfliktniveau bei der Ausgabenreduzierung auftreten, wenn dazu übergegangen wird, öffentliche Einrichtungen von gesamtstädtischer Bedeutung zu schließen.

Kommunen, die im Zuge der Finanzkrise erstmals im höheren Maße Kassenkredite ausweisen, müssen sicherlich nicht diesen konfliktträchtigen Pfad einschlagen, sondern können zunächst auf die klassischen Konsolidierungsinstrumente zurückgreifen (siehe Tabelle 3). Werden diese zügig und möglichst umfassend miteinander als Reaktion auf die Finanzkrise kombiniert, werden es viele dieser Kommunen wahrscheinlich vermeiden können, durch Problemverschleppung in die Vergeblichkeitsfalle zu geraten. Mit diesen Instrumenten haben nicht wenige Kommunen bereits die Haushaltskrise der 1980er und 1990er Jahre relativ erfolgreich bekämpfen können (Mäding 1998) – allerdings mit Ausnahme der Kommunen in altindustriellen Regionen, die sozial- und wirtschaftstrukturell dauerhaft besonders belastet sind. Entsprechenden Konsolidierungswillen vorausgesetzt, dürfte es nicht sonderlich schwer sein, für diese Konsolidierungsversion zu werben.

Deutlich schwerer haben es hierbei die Problemkommunen, in denen nach langjährigen Konsolidierungsanstrengungen häufiger nur noch die Schließung von Einrichtungen in Frage kommt, um Spareffekte erzielen zu können. Die Beendigung von Einrichtungen und politischen Programmen ist in der Regel konfliktreich und wird auf allen föderalen Ebenen in der Regel zunächst vermieden, auch um die Wiederwahl politischer Akteure nicht zu gefährden und starke verwaltungsinterne Konflikte zu vermeiden. Dementsprechend sind die Entscheidungsträger in den wenigen Fällen von Schließungen bemüht, sich der politischen

Klassische Konsolidierungsinstrumente *Tab. 3*

Ausgabenseite	Einnahmenseite
– Rasenmäher bei freiwilligen Zuschüssen bzw. – Zuschussbedarf von Einrichtungen verringern – Haushaltssperren – Personalkostenreduzierung (Abschöpfung der natürlichen Fluktuation, Wiederbesetzungssperren; Reduzierung von Überstunden) – Kürzung der Investitionen durch zeitliche Streckung und Verzicht	– Erhöhung der Hebesätze für Grund- und Gewerbesteuer – Einführung bzw. Anhebung von „Bagatellsteuern“ – Anhebung nicht kostendeckender Gebühren – Stärkere Kontrolle z.B. bei Parkgebühren oder Geschwindigkeitsübertretungen – Veräußerung von Sachanlagen usw.

Quelle: Schwarting 2006, S. 110

Verantwortung durch mikropolitische Strategien zu entziehen, die zum Teil nur wenig mit demokratischen Prinzipien vereinbar sind (Bauer 2006). Für die Schließung von öffentlichen Einrichtungen in Haushaltssicherungskommunen können folgende Spielzüge beispielhaft angeführt werden:

- *Kaputt gutachten*: Einrichtungen werden von Gutachtern als hoch sanierungsbedürftig dargestellt und eine Weiternutzung wird aus „Sicherheitsgründen" nicht empfohlen. Neuinvestitionen werden aufgrund kommunalaufsichtlicher Bestimmungen ausgeschlossen, so dass nur der Betrieb in „einsturzgefährdeten" Einrichtungen als Option bleibt, wobei die dabei bestehenden Haftungsrisiken auch für Ratsmitglieder hervorgehoben werden.
- *Kaputt sparen*: Der Zuschuss für Einrichtungen wird immer weiter reduziert, das Angebot wird immer unattraktiver und die Besucherzahlen sind rückläufig, was schließlich zur Legitimation der anvisierten Schließung dient.
- *Kaputt fragen*: Die Bürger werden nach ihren Konsolidierungspräferenzen befragt – ohne umfassende Information und Partizipation. Damit kann insbesondere die Schließung von kulturellen Einrichtungen legitimiert werden, die nicht auf ein Massenpublikum abzielen.
- *Auflagen bestellen und erfinden*: Die Kommunalaufsicht wird eingeschaltet, um den Betrieb einzelner Einrichtungen zu delegitimieren bzw. sogar zu untersagen (Timm-Arnold 2010). Oder die Verwaltungsführung „erzählt" aus den nichtöffentlichen Verhandlungen mit der Kommunalaufsicht, die vermeintlich klare Sanktionen verhängen wird, falls die Einrichtung XY nicht geschlossen wird. Damit wird der Kommunalaufsicht der „schwarze Peter" zugeschoben, die dem Einfluss der Wählerschaft einzelner Orte weitgehend entzogen ist.

In aller Regel wird zumindest nicht der tatsächlich zu erwartende Konsolidierungserfolg bei der Schließung von öffentlichen Einrichtungen bzw. deren Privatisierung transparent dargestellt. Der Konsolidierungserfolg ist zumeist deutlich kleiner als in Gutachten von Beratungsunternehmen dargestellt, weil das Personal bei weitgehend ausgeschlossenen betriebsbedingten Kündigungen weiter beschäftigt werden muss und zugleich die Einnahmen der geschlossenen Einrichtungen wegbrechen. Kurz- und mittelfristig ist deshalb das Konsolidierungspotential bei der

Schließung von Einrichtungen zumeist gering, während es sich erst langfristig rechnet, während bei Privatisierung häufig gerade die langfristigen Folgen durch die faktische Monopolstellung von Privaten bzw. durch die jährlich anfallenden Belastungen bei Leasing haushaltspolitisch problematisch sind. Dementsprechend werden im ersten Fall eher die kurzfristigen und im zweiten die langfristigen Folgen verdunkelt bzw. durch Zeitdruck und komplexe nichtöffentliche Vertragswerke bei Privatisierung verdrängt (vgl. plakativ zur Privatisierung Rügemer 2008).

Zudem ist aufgrund der Konfliktträchtigkeit den Verwaltungschefs in der Regel klar, dass die Schließung von Einrichtungen häufig mit einer kontroversen Diskussion im Kommunalparlament einhergeht, so dass im Gegensatz zur Rasenmähermethode bereits frühzeitig auf eine Einbindung kooperationsbereiter Fraktions- und Parteivorsitzender gesetzt wird, um über Fraktionsdisziplin die Mehrheiten im Stadtrat durchsetzen zu können. Teilweise wird auch auf die Überzeugungskraft des Bürgermeisters gesetzt, der in Versammlungen der eigenen Partei für die Sparpakete wirbt, um Parteimitglieder nicht zu brüskieren und die erneute Nominierung als Bürgermeisterkandidat nicht zu gefährden.

Unabhängig davon, wie man im Einzelnen diese mikropolitischen Strategien bewertet, können sich die Akteure – insbesondere auch die Gegner des Politikrückbaus – darauf einstellen, dass sie in Kommunen mit massiven Konsolidierungsproblemen relativ häufig zum Einsatz kommen werden.

7.2 Widerstandsstrategien

Auch wenn in der öffentlichen Debatte kaum jemand in Frage stellt, dass in den Kommunen weiter gespart werden muss, sind viele kommunale Akteure der Ansicht, dass die Haushaltskonsolidierung angesichts der aufgelaufenen Kassenkredite und schon geleisteten Sparopfer keine nachhaltigen Erfolge mehr zeitigen kann bzw. die letzten Reste der kommunalen Selbstverwaltung aushöhlt. Man investiert folglich viel Energie in den „Widerstand“ gegen Maßnahmen der Aufsichtsbehörde, die letztlich von der gänzlich unrealistischen Vorstellung ausgeht, dass durch stärkeren Druck die Kassenkredite wieder auf Null gesenkt werden müssen. In der Regel wird nicht gegen die (meist informellen) Auflagen der Kommunalaufsicht vor den Verwaltungsgerichten geklagt, sondern man bedient sich – zum Teil auch unter Einschluss parteipolitischer Kontakte zur Landesebene (Diemert 2005, S. 44) – ähnlich informeller Methoden, um sich der aufsichtsbehördlichen Einflussnahme zu entziehen. Hinzu kommen die seit Jahren erprobten Methoden der Haushaltsschönung und fiktiven Konsolidierungsansätze (Bogumil/Holtkamp 2006). Die Aufsichtsbehörden sind aufgrund der massiven zeitlichen Beanspruchung unter den Bedingungen der „Massenaufsicht" nicht in der Lage, alle Konsolidierungsansätze zu prüfen, und sie müssen zudem aus rechtlichen Gründen der Kommune einen eigenen Prognosespielraum zugestehen (Diemert 2005, S. 379).

Im Kern geht es bei diesen Manövern darum, nicht als extreme Problemkommune geoutet zu werden und in der „Herde der Defizitkommunen weitgehend ungeschoren" davonzukommen. Dazu gehört auch zu vermeiden, dass eklatante Formen des Missmanagement öffentlich bekannt werden, die die Kommunalaufsicht zum Handeln nahezu zwingen. Solange der Eindruck vermittelt werden kann, dass die Stadt und die Kommunalaufsicht die Lage weitgehend unter Kontrolle haben oder zumindest auf der Darstellungsebene behaupten können, dass es einen „Konsolidierungsplan" gibt, sind extreme Eingriffe, wie die Entsendung von beratenden Sparkommissaren, abwendbar. Daraus ergibt sich in den Problemkommunen die Herausforderung, im Verbund mit anderen Kommunen öffentlich die Dramatik der Haushaltslage darzulegen und Finanzhilfen einzufordern, während vor Ort jede Kommune für sich allein ein Interesse hat, die Haushaltslage zu entdramatisieren, um kommunalaufsichtliche Eingriffe zu vermeiden. Spätestens nach dem Einsatz von repressiven Aufsichtsmitteln haben alle Seiten ein Interesse, gemeinsame Erfolgserzählungen als Formen der symbolischen Politik zu inszenieren, um das Aufsichtsmittel endlich wieder ablösen zu können. Das Haushaltsproblem wird, wie in der Analyse der Untersuchungskommunen mit beratendem Sparkommissar gezeigt, als weitgehend gelöst dargestellt.

Bereits bevor die Kommunen in das Nothaushaltsrecht fallen, haben sie zudem häufig schon vorgesorgt. Freiwillige Leistungen an freie Träger, Stiftungen etc. werden zum Teil bereits über Leistungsvereinbarungen langfristig abgesichert, Beschäftigte werden zügig festangestellt und befördert. Auch im Nothaushaltsrecht kann die Kommune nicht dazu gezwungen werden, Leistungen abzubauen oder Einrichtungen zu schließen, wobei sie hinsichtlich neuer Investitionen und Leistungen schon härteren Auflagen unterliegt. Aber auch hier kann über Stadtwerke oder Paketlösungen mit privaten Bauträgern im Rahmen des Baugenehmigungsprozesses einiges an der Kommunalaufsicht vorbei realisiert werden, das im Nothaushaltsrecht eigentlich ausgeschlossen ist. Not(-haushalt) macht also auch in diesem Fall erfinderisch.

Ist es also das vorrangige Ziel der kommunalen Entscheidungsträger, die Infrastruktur und den „Charakter ihrer Heimatstadt“ aufrechtzuerhalten, ist dies auch in der Haushaltskrise durch intransparente mikropolitische Strategien prinzipiell möglich, mit allerdings politisch abzuwägenden Folgen für die Entwicklung der Haushaltsdefizite und der Haushaltstransparenz. In den Extremfällen, in denen sich die Kommunalaufsicht zu konkreten Eingriffen in den Verwaltungshaushalt, zur Bestellung von beratenden Sparkommissaren oder sogar „richtigen“ Staatskommissaren durchringt, haben die Kommunen zudem eine effektive Vetoposition. Vor den Verwaltungsgerichten werden nach den bisher vorliegenden einschlägigen Urteilen diese extremen Eingriffe in der Regel keinen Bestand haben, woraus sich auch die Neigung der Kommunalaufsicht für informelle, nicht schriftlich dargelegte, Verhandlungslösungen erklärt (Holtkamp 2006). Insofern kann es bereits der Abwehr von informellen Forderungen dienen, wenn die Verwaltungsführung auf einer Verschriftlichung der Positionen der Kommunalaufsicht für die Ratsvorlagen besteht, was bereits zu erheblichen Prozessrisiken für die Aufsicht führt.

Auch die Bürger und zivilgesellschaftliche Akteure stehen dem Abbau der kommunalen Infrastruktur nicht hilflos gegenüber, selbst wenn, wie üblich, durch Hierarchisierung der kommunalen Entscheidungsstruktur die Schließung von öffentlichen Einrichtungen durchgesetzt werden soll. Sie verfügen über das ganze Widerstandsarsenal, das aus der empirischen Analyse von Bürgerinitiativen und Initiatoren von Bürgerbegehren hinlänglich bekannt ist (Mittendorf/Rehmet 2002, S. 231; Bogumil/Holtkamp 2006, S. 196f.). Im Kern können sie sich auf die mikropolitischen Schachzüge beim Hierarchisierungsansatz einstellen und daraus spiegelverkehrt ihre Strategien entwickeln (vgl. Tabelle 4). Während die Bürgermeister und der Verwaltungsvorstand häufig dazu tendieren werden, die Akteure unter Zeitdruck zu setzen und in der parlamentarischen Arena möglichst wenig Diskussionsraum und Entscheidungspunkte zu geben, werden zivilgesellschaftliche Akteure bestrebt sein, das Gegenteil zu erreichen, um die Schließung von Einrichtungen bzw. massive Kürzungen abzu-

Tab. 4: Widerstandsstrategien der Bürgerschaft gegen Hierarchisierung

	Bürgermeister	Bürgerwiderstände
Zeitfaktor	Zeitdruck wird aufgebaut	Zeitspielstrategien
Öffentliche Bewertung der Widerstandsziele	Egoistische Partialinteressen gegen generationengerechte Konsolidierung	Gemeinwohlorientierung
Öffentliche Bewertung der Konsolidierungsziele	Erreichbar und alternativlos (Sachzwänge)	Unrealistisch und deshalb Alternativen
Öffentlichkeit	Möglichst wenig Informationen	Öffentlicher Druck und Mobilisierung durch viel Informationen
Bürgermitwirkung	rechtliche Zulässigkeit von Bürgerbegehren anzweifeln	Bürgerentscheide androhen und initiieren
Parlament	Weitgehende Ausschaltung von Diskussionen; bedingte Einbindung von Fraktionsvorsitzenden	Forcierung der Diskussion und Bündnisse mit Opposition, Fachpolitikern und Bezirksvertretern
Kommunalaufsicht	Inszenierung als „scharfer Wachhund“	Verdeutlichung der geringen Sanktionspotentiale und Verwicklung der Aufsicht in Schriftverkehr

Eigene Darstellung

wenden. Der Schwerpunkt wird auf öffentlichen Protesten, Vernetzung mit anderen Akteuren und Mobilisierung von Oppositionsfraktionen und betroffenen Fachpolitikern und Bezirksvertretern auch der Mehrheitsfraktionen liegen. Mit diesen Strategien gelingt es den zivilgesellschaftlichen Akteuren häufiger, ihre legitimen Interessen durchzusetzen, insbesondere wenn sich der parlamentarische Beratungsprozess länger hinzieht, weil es in der Regel nicht schwer fällt, Zweifel an den Konsolidierungserzählungen der Verwaltung zu streuen und im Bündnis mit der Fachpolitik und Bezirksvertretung die Mehrheitsfraktionen öffentlich unter Druck zu setzen. Darin liegt auch der zentrale Grund, warum die Bürgermeister ihrerseits bemüht sind, den Entscheidungsprozess zu beschleunigen und die Entscheidungen als alternativlos zu präsentieren. Das explizit Politische der Haushaltspolitik bei leeren Kassen wird durch die Betonung vermeintlicher Sachzwänge häufig geleugnet. Es gibt also real nichts zu entscheiden und deshalb kann auch keiner politisch für Entscheidungen zur Verantwortung gezogen werden, ist die implizite legitimationsentlastende Formel der kommunalen Entscheidungsträger. Die zivilgesellschaftlichen Akteure werden demgegenüber bestrebt sein, die Ratsmitglieder als Entscheider in das Rampenlicht der Öffentlichkeit zu rücken und fachlich akzeptable Alternativen in einer gemeinwohlorientierten Darstellung zu präsentieren. Damit verbinden sie in der Regel die Hoffnung, dass Ratsmitglieder unter dem öffentlichen Druck „umkippen".

Gelingt dies nicht, steht den zivilgesellschaftlichen Akteuren immer noch das scharfe Damoklesschwert der Bürgerentscheide als effektive Vetoposition zur Verfügung. Zwar sind Bürgerentscheide zu Haushaltsfragen rechtlich in den meisten Kommunalverfassungen ausgeschlossen, aber in Beratungen mit Verbänden gelingt es häufig, die Abstimmungsfragen und -inhalte so zu strukturieren, dass der Bürgerentscheid vom Stadtrat für zulässig erklärt wird. So waren beispielsweise viele Bürgerentscheide gegen Privatisierungsvorhaben in der Vergangenheit erfolgreich, sodass bereits die Androhung von Bürgerbegehren häufiger zu einem Einlenken des Kommunalparlaments führt (Bogumil/Holtkamp 2002).

7.3 Partizipation

Den in den bisherigen Strategien deutlich werdenden Widerspruch zwischen Haushaltskonsolidierung und demokratischer Transparenz will das Konzept des Bürgerhaushalts auf konstruktive Art lösen. Damit werden die beiden konträren normativen Lager, die in der Einleitung skizziert wurden, scheinbar versöhnt. Demokratische Selbstverwaltung und stetige, nachhaltige Aufgabenerfüllung sind danach auch in der Haushaltskrise gemeinsam realisierbar. Zumindest in der ersten Phase des Bürgerhaushalts in Deutschland wurde ein positiver Zusammenhang zwischen Partizipation und Haushaltskonsolidierung propagiert (Bogumil/Holtkamp 2006, S. 155ff.). Rekonstruiert man die Argumentation der Reformer aus theoretischer Perspektive, beziehen sie das Allmendeproblem der Haushaltspolitik vorrangig auf die Wähler und den Stadtrat. Die Wähler beteiligen sich danach in der repräsentativen Demokratie vor allem in ihrer Rolle als Konsumenten und fordern so einen Ausbau staatlicher Leistungen bzw. protestieren gegen Kürzungen in ihrem Bereich („Anspruchsinflation"). Sie werden darin forciert durch immer neue Leistungsversprechen der Ratsfraktionen. Die intensive Beteiligung der Bürger kann aus dieser Sicht dazu beitragen, dass die Bürger stärker die Ausgabenwünsche mit der begrenzten Einnahmeseite verbinden und so die Konsumenten- und Steuerzahlerrolle stärker zusammengeführt wird. Damit soll der Konsolidierungswille der Bürger größer sein als der der Ratsmitglieder, die durch diese Beteiligungsergebnisse zu mehr Sparmaßnahmen motiviert werden sollen. „Ein ‚abgehobener' und parteipolitisch verkrusteter Rat soll so mit unverfälschten Bürgeransichten konfrontiert werden" (Mäding 2001, S. 368).

Neben Haushaltsinformationen soll der Bürgerhaushalt die umfassende Partizipation am „runden Tisch" ermöglichen. In den bisher für Deutschland vorliegenden empirischen Untersuchungen zeigt sich aber, dass der Bürgerhaushalt zu keinen Konsolidierungseffekten und zu keiner höheren Akzeptanz von Konsolidierungsmaßnahmen führt (Holtkamp 2008c). In der Regel dominieren Vereine und Interessengruppen die „runden Tische" (Doerwald et al. 2006, S. 182), die vorwiegend einen Abbau ihrer Förderung bzw. der von ihnen genutzten öffentlichen Einrichtungen vermeiden wollen. Während es für viele Bürger belastend ist, sich in Bürgerforen öffentlich für Leistungskürzungen gegenüber Interessengruppen durchzusetzen, ist der Nutzen nur wenig greifbar (z.B. zukünftige Steuerentlastungen sind kurz- und mittelfristig kaum erwartbar).

Seit 2002 wird der Bürgerhaushalt zunehmend mit einem deutlich höheren Beteiligungsanspruch bei geringeren Konsolidierungserwartungen eingesetzt. Er wird (partei-)politisch gezielt als „linke Alternative" zum Modell der Bürgerkommune aufgebaut. Während die Bürgerkommune nur eine Beteiligung an der Mangelverwaltung impliziere, würde der Bürgerhaushalt der immer wieder angeführten Vorbildkommune Porto Alegre (Brasilien) eine „Beteiligung an der Macht" (Rupp 2003, S. 1126) bieten.

In Deutschland sorgte der Bürgerhaushalt als politisches Projekt in den Berliner Stadtteilen für Furore. Hier beteiligten sich viele Bürger intensiv an der Haushaltsplanung, was deutlich über legitimatorische Internetabstimmungen hinausging und zur Umsetzung vieler Bürgervorschläge führte (Klages/Daramus 2009).

Diese positiven Erfahrungen in Bezug auf die demokratische Legitimation sind aber sicherlich nicht auf Haushaltssicherungskommunen übertragbar. Berlin unterliegt als Stadtstaat trotz extrem hoher Verschuldung noch keiner strengen Haushaltsaufsicht. Damit steht ein relativ disponibles Budget zur Verfügung, das sicherlich eher zur Partizipation motiviert als in nordrhein-westfälischen Nothaushaltskommunen. So wurde in Berlin-Lichtenberg anfangs sogar mit dem Slogan geworben „Helfen Sie uns beim Geldausgeben“ und nicht „Helfen Sie uns beim Sparen“ (Doerwald et al. 2006, S. 179). Hinzu kommt auch die massive Werbung, die durch eine Kombination von anspruchsvollen Partizipationsangeboten flankiert wurde. Auch dies können und dürfen Kommunen unter strenger Kommunalaufsicht sich als neue freiwillige Aufgabe kaum leisten. So nehmen in vielen Fällen nur sehr wenige Bürger an Veranstaltungen zum Bürgerhaushalt teil (Holtkamp 2008c) und der Bürgerhaushalt ohne Bürger droht zur Farce zu werden (Franzke/Kleger 2009). Der Bürgerhaushalt kann so nur wenig zur Akzeptanz von einschneidenden Sparmaßnahmen beitragen, allein schon weil seine Angebote häufig selbst von vielen Bürgern nicht akzeptiert bzw. nachgefragt werden.

So zeigt sich auch in der bisher umfassendsten Untersuchung der Bürgerhaushalte, dass „nur in den Städten mit einem ausgeglichenen Haushalt eine Bürgerbeteiligung am Haushalt langfristig etabliert werden konnte“ (Herzberg 2009, S. 113). In Kommunen mit massiven Konsolidierungsproblemen wurde der Bürgerhaushalt nach kurzer Zeit wieder eingestellt, weil die Resonanz der Bürger zu niedrig war oder keine Verteilungsspielräume mehr gesehen wurden (Holtkamp 2008c).

Eine realistischere Orientierung kann in der Haushaltskrise das Leitbild der Bürgerkommune bieten. Hier geht es darum, die Bürger nicht nur in der Kunden- und Konsumentenrolle, wie noch im New Public Management, zu fördern, sondern insbesondere die Mitgestalterrolle mit kleineren Partizipationschancen zu forcieren. Die Bürgerkommune konzentriert sich darauf, was unter den derzeitigen Rahmenbedingungen in Kooperation mit der Kommunalpolitik und -verwaltung (und nicht gegen sie, wie durch Bürgerentscheide) an konkreten Beteiligungsprojekten möglich und wünschenswert ist. Im Kern soll dadurch der eigentliche Sinn der kommunalen Selbstverwaltung wiederbelebt werden. Die Bürger sollen dazu ermutigt werden, sich stärker mit ihrem Wissen und ehrenamtlichen Potenzial einzubringen, um eine bedarfsgerechte und effiziente Aufgabenerledigung zu gewährleisten und Demokratie vor Ort produktiv mitzugestalten. Zur kommunalen Selbstverwaltung gehörte und gehört es „selbst etwas zu unternehmen, die gemeinsamen Angelegenheiten mit eigener Kraft anzugehen“ (Selle 2007, S. 512).

Damit diese Bedingungen zumindest annähernd erfüllt sind, bedarf es eines vorausschauenden Partizipationsmanagements, in dem die kommunalen Entscheidungsträger die Beteiligungsangebote dementsprechend zuschneiden und aktiv unterstützen. Für das kurzfristig Machbare sollte danach die Mitarbeit interessierter Bürger und anderer wirtschaftlicher und zivilgesellschaftlicher Akteure eingeworben werden. Also keine Konkurrenzveranstaltung zur Politik, keine demokratischen Blütenträume und nicht nur reden, sondern hinterher gemeinsam in Projekten handeln, ist die zentrale Zielsetzung der Bürgerkommune.

In wissenschaftlichen Evaluationen konnte gezeigt werden, dass die Bürgerkommune in Teilbereichen durch Aufgabenübertragung einen Beitrag zur Haushaltskonsolidierung leisten kann (Holtkamp et al. 2006). Wenn zugleich deutlich kommuniziert wird, dass städtische Leistungen immer mehr an Eigenleistungen der Bürgerschaft geknüpft werden, kann durch diese Verbindung von Konsumenten- und Mitgestalterrolle die Anspruchshaltung der Bürgerschaft reduziert werden. Dann werden sich Bürger tendenziell nur für Leistungen einsetzen, die sie sehr stark präferieren. Vor allem ist die Förderung von freiwilligem Engagement aber dazu geeignet, trotz immer engerer Haushaltsspielräume, eine breite Leistungspalette städtischer Angebote aufrechtzuerhalten und neue Angebote überhaupt noch (beispielsweise im Nothaushaltsrecht) entwickeln zu können.

Das Leitbild der Bürgerkommune wurde vorwiegend in der wissenschaftlichen Literatur kritisiert, weil es die Bürger nur an nebensächlichen Entscheidungen („Niedlichkeitsfalle"; Roth 2007) beteilige. Das umfangreiche Demokratieversprechen werde durch die Betonung der Mitgestalterrolle nicht eingehalten, sondern die Bürger werden lediglich für Aufgabenkritik und Outsourcing kommunaler Leistungen benutzt (Kersting 2008, S. 280). So zumindest die gängige wissenschaftliche Kritik.

Das ist sicherlich nicht ganz unberechtigt. Allerdings muss bezweifelt werden, dass diese Kritik tatsächlich handlungsrelevant wird, weil die partizipativen Alternativen in der kommunalen Haushaltskrise zu wenig praxistauglich bleiben. Unter Begriffen wie „partizipative Governance" oder „Solidarkommune" hat derzeit in den Sozialwissenschaften die partizipatorische Demokratietheorie eine bemerkenswerte Renaissance. Hier wird eine „Maximierung von Selbstentfaltungs- und Selbstbestimmungschancen" (Walk 2008, S. 252) bzw. der „Bürger als vierte Gewalt" propagiert (Herzberg 2009, S. 222). Für die praktische

Kommunalpolitik kann dies kaum eine sinnvolle Orientierung bieten, weil erstens keineswegs eine bedingungslose, altruistische Partizipationsbereitschaft vorausgesetzt werden kann. Zweitens schlagen hierbei genauso die begrenzten Haushaltsspielräume und Eingriffe der Kommunalaufsicht negativ zu Buche, wie dies am Beispiel des Bürgerhaushalts verdeutlicht wurde.

Also auch im Fall partizipativer Verfahren bleiben der Kommunalpolitik aus Sicht akademischer Betrachter nur unvollkommene Lösungen, um in der Haushaltskrise vor Ort handeln zu können. Gleichwohl gibt es vor Ort mit der möglichen Hierarchisierung, den Widerstandsstrategien und der Bürgerkommune realisierbare Handlungsoptionen, die ganz unterschiedliche Ziele priorisieren. Soll tatsächlich der maximale Konsolidierungsertrag durch Hierarchisierung angestrebt werden oder soll die kommunale Infrastruktur aus sozialen und ökologischen Gründen gegen Eingriffe der Aufsicht bzw. der Steuerungspolitiker verteidigt werden oder wird der Förderung von Bürgerengagement und politischer Transparenz absolute Priorität gewährt? Alle Ziele wird man in der Haushaltskrise nicht zeitgleich erreichen können. Gerade deshalb lohnt es sich, vor Ort über diese Ziele und realisierbare Handlungsstrategien politisch zu streiten.

Literatur

Anton, Stefan/Diemert, Dörte 2009: Gemeindefinanzbericht 2009 – Kommunalfinanzen im freien Fall? in: Der Städtetag 5/09.

Bajohr, Stefan 2009: Beratender Sanierungsmanager in einer hoch verschuldeten Kommune – Erfahrungsbericht aus der Stadt Hagen; in: Verwaltung & Management, S. 171-186.

Banner, Gerhard 1985: Haushaltspolitik und Haushaltskonsolidierung, in: Püttner, Günter (Hg.): Handbuch für kommunale Wissenschaft und Praxis, Band 8, Berlin, S. 423-440.

Banner, Gerhard 1987: Haushaltssteuerung und Haushaltskonsolidierung auf kommunaler Ebene – Ein politisches Problem, in: Zeitschrift für Kommunalfinanzen 3/87, S. 50-56.

Banner, Gerhard 1989: Kommunalverfassungen und Selbstverwaltungsleistungen, in: Schimanke, Dieter (Hg.): Stadtdirektor oder Bürgermeister, Basel, S. 37-61.

Banner, Gerhard 2006: Führung und Leistung der Kommune, in: Deutsche Zeitschrift für Kommunalwissenschaften 2/06, S. 57-69.

Bauer, Michael W. 2006: Politikbeendigung als policyanalytisches Konzept, in: PVS 2/06, S. 147-168.

Bogumil, Jörg 2001: Modernisierung lokaler Politik – Kommunale Entscheidungsprozesse im Spannungsfeld zwischen Parteienwettbewerb, Verhandlungszwängen und Ökonomisierung, Baden-Baden.

Bogumil, Jörg/Grohs, Stephan/Kuhlmann, Sabine 2006: Ergebnisse und Wirkungen kommunaler Verwaltungsmodernisierung in Deutschland. Eine Evaluation nach 10 Jahren Praxiserfahrungen, in: Bogumil, Jörg/Jann, Werner/Nullmeier, Frank (Hg.): Politik und Verwaltung, PVS-Sonderheft 37, S. 151-184.

Bogumil, Jörg/Grohs, Stephan/Kuhlmann, Sabine/Ohm, Anna K. 2007: Zehn Jahre Neues Steuerungsmodell – Eine Bilanz kommunaler Verwaltungsmodernisierung [Modernisierung des öffentlichen Sektors, Sonderband 29], Berlin.

Bogumil, Jörg/Grohs, Stephan/Holtkamp, Lars 2009: Auswirkungen der Abschaffung der 5%-Sperrklausel auf das kommunalpolitische Entscheidungssystem, wissenschaftliches Gutachten erstellt im Auftrag der SPD-Fraktion im nordrhein-westfälischen Landtag, Ms.

Bogumil, Jörg/Holtkamp, Lars 2002: Liberalisierung und Privatisierung kommunaler Aufgaben – Auswirkungen auf das kommunale Entscheidungssystem, in: Libbe, Jens/Tomerius, Stephan/Trapp, Jan Hendrik (Hg.): Liberalisierung und Privatisierung kommunaler Aufgabenerfüllung [Difu-Beiträge zur Stadtforschung 37], Berlin: 71-87.

Bogumil, Jörg/Holtkamp, Lars 2006: Kommunalpolitik und Kommunalverwaltung – Eine policy-orientierte Einführung, Wiesbaden.

Buck, Gerald 2009: Der Beauftragte als Mittel der Kommunalaufsicht, Berlin.

Busch, Manfred 2010: Wird die Haushaltsnotlage zum Normalfall? in: AKP 1/2010, S. 44-45.

Diemert, Dörte 2005: Das Haushaltssicherungskonzept – Verfassungs- und haushaltsrechtliche Grundlagen in NRW, Stuttgart.

Doerswald, Mario/Schröter, Anja/Schulz, Björn/Träder, Dana/Weise, Sebastian 2006: Abschlussbericht Vergleich Bürgerhaushalt Potsdam und Bezirksamt Berlin-Lichtenberg, in: Franzke, Jochen/Kleger, Heinz (Hg.): Kommunaler Bürgerhaushalt in Theorie und Praxis am Beispiel Potsdams, Potsdam, S. 163-187.

Duve, Thomas 2008: Staatskommissare als Manager kommunaler Haushaltskonsolidierungsprozesse, in: Verwaltung & Management 6/08, S. 283-293.

Faber, Angela 2006: Haushaltsausgleich und Haushaltssicherungskonzept, in: Henneke, Hans-Günter et al. (Hg.): Recht der Kommunalfinanzen, München: 663-684.

Franzke, Jochen/Kleger, Heinz 2009: Bürgerhaushalt ohne Bürger? Analyse der Ergebnisse einer Einwohnerbefragung in der Stadt Potsdam, Potsdam.

Freitag, Markus/Vatter, Adrian (Hg.) 2008: Die Demokratien der deutschen Bundesländer. Politische Institutionen im Vergleich, Opladen.

Gehne, David 2008: Bürgermeisterwahlen in Nordrhein-Westfalen, Wiesbaden.

Gehne, David/Holtkamp, Lars 2005: Fraktionsvorsitzende und Bürgermeister in NRW und Baden-Württemberg, in: Bogumil, Jörg/ Heinelt, Hubert (Hg.): Bürgermeister in Deutschland – Politikwissenschaftliche Studien zu direkt gewählten Bürgermeistern, Wiesbaden, S. 87-141.

Geißler, Rene 2009: Kommunalrechtliche Steuerungsansätze der Haushaltskonsolidierung – Haushaltssicherungskonzepte im Vergleich, KWI-Gutachten 4, Potsdam.

Gitschier, Wilfried 1997: Kommunale Haushaltskonsolidierung zwischen ‚Fiscal Stress' und ‚Political Stress', Neustadt/Coburg.

Glöckner, Andreas/Mühlenkamp, Holger 2009: Die kommunale Finanzkontrolle; in: Zeitschrift für Planung und Unternehmenssteuerung 4/09, S. 397-420.

Grehling, Annekathrin 2005: Das Nothaushaltsrecht der Kommune – zwischen Recht und Alltag, in: Der Gemeindehaushalt 2/05, S. 25-31.

Hack, Hans 1987: Bedingungen erfolgreicher kommunaler Sparstrategien, in: Mäding, Heinrich (Hg.): Haushaltsplanung, Haushaltsvollzug, Haushaltskontrolle, Baden-Baden, S. 133-146.

Hagen, Jürgen von/Harden, Ian 1995: Budget processes und commitment to a fiscal discipline, in: European Economic Review 39, S. 771-779.

Hallerberg, Mark/Strauch, Rolf/Hagen, Jürgen von 2009: Fiscal Governance in Europe, Cambridge.

Haus, Michael/Heinelt, Hubert 2002: Modernisierungstrends in lokaler Politik und Verwaltung aus der Sicht leitender Kommunalbediensteter. Eine vergleichende Analyse, in: Bogumil, Jörg (Hg.): Kommunale Entscheidungsprozesse im Wandel, Opladen, S. 111-136.

Heinemann, Friedrich et al. 2009: Der kommunale Kassenkredit zwischen Liquiditätssicherung und Missbrauchsgefahr, Baden-Baden.

Herzberg, Carsten 2009: Von der Bürger- zur Solidarkommune – Lokale Demokratie in Zeiten der Globalisierung, Hamburg.

Holtkamp, Lars 2000: Kommunale Haushaltspolitik in NRW – Haushaltslage – Konsolidierungspotentiale – Sparstrategien, Diss., Opladen.

Holtkamp, Lars 2006: Kommunale Konsolidierung – viel Aufsicht. Wenig Strategie und Transparenz, in: Verwaltungsrundschau 9/06, S. 294-298.

Holtkamp, Lars 2007: Wer hat Schuld an der Verschuldung? Ursachen nationaler und kommunaler Haushaltsdefizite, polis-Heft 64/07, FernUniversität Hagen, Hagen.

Holtkamp, Lars 2008a: Kommunale Konkordanz- und Konkurrenzdemokratie. Parteien und Bürgermeister in der repräsentativen Demokratie, Wiesbaden.

Holtkamp, Lars 2008b: Das Scheitern des Neuen Steuerungsmodell, in: Der moderne Staat 2/08, S. 423-446.

Holtkamp, Lars 2008c: Bürgerhaushalt, in: Kersting 2008, S. 222-235.

Holtkamp, Lars 2009: Governancekonzepte in der Haushaltskrise – Eine Analyse am Beispiel der beratenden Sparkommissare in: Verwaltung und Management 3/09, S. 146-159.

Holtkamp, Lars/Bogumil, Jörg/Kißler, Leo 2006: Kooperative Demokratie – Das politische Potential von Bürgerengagement, Frankfurt.

Ifo Institut 2007: Die demographische Entwicklung in Ostdeutschland, Gutachten im Auftrag des Bundesministeriums für Wirtschaft und Technologie, ifo Dresden Studien 41, München.

Innenministerium NRW 2004: Kommunalfinanzbericht Mai 2004, Düsseldorf.

Innenministerium NRW 2009: Kommunalfinanzbericht November 2009, Düsseldorf.

Junkernheinrich, Martin 2009: Umgang mit kommunalen Schulden – Länderdisparitäten in der kommunalen Schuldenpolitik, in: Baus, Ralf Thomas et al. (Hg.): Der deutsche Föderalismus, Baden-Baden, S. 161-184.

Junkernheinrich, Martin et al. 2007: Kommunaler Schuldenreport Nordrhein-Westfalen, Gütersloh.

Junkernheinrich, Martin/Micosatt, Gerhard 2008: Kommunaler Finanz- und Schuldenreport Deutschland 2008. Ein Ländervergleich. Gütersloh.

Junkernheinrich, Martin et al. 2009: Finanzen im Kreis und finanzielle Unterausstattung – Finanzwissenschaftliche Analyse des Kreises Recklinghausen und seiner Städte, FORA, unveröffentlichtes Ms., Kaiserlautern.

Kersting, Norbert (Hg.) 2008: Politische Beteiligung, Wiesbaden.

Klages, Helmut/Daramus, Carmen 2007: ‚Bürgerhaushalt Berlin-Lichtenberg' – Partizipative Haushaltsplanaufstellung, -entscheidung und -kontrolle im Bezirk Lichtenberg von Berlin, Speyerer Forschungsbericht 249, Speyer.

Köllner, Angela 2004: Wenn BürgerInnen haushalten, in: Forum Kommunalpolitik 5/04, S. 10-11.

Kommunale Gemeinschaftsstelle (KGSt) 1982: Haushaltskonsolidierung durch Aufgabenkritik und Sparmaßnahmen, KGSt-Bericht 14/82, Köln.

Kommunale Gemeinschaftsstelle (KGSt) 1993: Das neue Steuerungsmodell. Begründungen. Konturen. Umsetzungen, KGSt-Bericht Nr. 5/93, Köln.

Kropp, Sabine 2004: Modernisierung des Staates in Deutschland: Konturen einer endlosen Debatte, in: PVS 45, S. 3, S. 416-439.

Kuhlmann, Sabine/Wollmann, Hellmut 2006: Transaktionskosten von Verwaltungsreformen: ein „missing link" der Evaluationsforschung, in: Jann, Werner/Röber, Manfred/Wollmann, Hellmut (Hg.): Public Management – Grundlagen, Wirkungen, Kritik [Modernisierung des öffentlichen Sektors, Sonderband 26], Berlin, S. 371-390.

Kunz, Volker/Zapf-Schramm, Thomas 1989: Ergebnisse der Haushaltsentscheidungsprozesse in den kreisfreien Städten der Bundesrepublik, in: Schimanke, Dieter (Hg.): Stadtdirektor oder Bürgermeister, Basel, S. 161-189.

Mäding, Heinrich 1987: Öffentlicher Haushalt und Verwaltungswissenschaft: ein Überblick, in: Mäding, Heinrich (Hg.): Haushaltsplanung, Haushaltsvollzug, Haushaltskontrolle, Baden-Baden, S. 29-49.

Mäding, Heinrich 1996: Bedingungen einer erfolgreichen Konsolidierungspolitik der Kommunen, in: Archiv für Kommunalwissenschaften I/96, S. 81-97.

Mäding, Heinrich 1998: Kommunale Haushaltskonsolidierung in Deutschland – die 80er und die 90er Jahre im Vergleich, in: Mäding, Heinrich/Voigt, Rüdiger (Hg.): Kommunalfinanzen im Umbruch, Opladen, S. 97-117.

Mäding, Heinrich 2001: Haushaltswirtschaft im Spannungsverhältnis zwischen Haushaltskonsolidierung und Reform, in: Schröder, Eckhart (Hg.): Empirische Policy- und Verwaltungsforschung, Opladen, S. 359-370.

Meier, Norbert 1995: Der Sparkommissar als Beauftragter im Sinne des § 121 GO NW; in: Der Gemeindehaushalt 12/95, S. 265-267.

Mittendorf, Volker/Rehmet, Volker 2002: Bürgerbegehren und Bürgerentscheide: Wirkungsaspekte auf kommunale Willensbildungs- und Entscheidungsvorbereitungsprozesse in Deutschland und der Schweiz, in: Bogumil, Jörg (Hg.): Kommunale Entscheidungsprozesse im Wandel, Opladen, S. 219-238.

Nienaber, Georg 2004: Direkt gewählte Bürgermeister in Nordrhein-Westfalen, Münster.

Pleschberger, Werner 2008: „Schutz“ der kommunalen Finanzen. Zur Bewältigung einer föderalen „Asymmetrie“ am Beispiel des österreichischen Konsultationsmechanismus (Stabilitätspakts), in: Heinelt, Hubert/Vetter, Angelika (Hg.): Lokale Politikforschung heute, Wiesbaden, S. 51-77.

Proeller, Isabella/Siegel, John Philipp 2009: Performance Management in der deutschen Verwaltung, in: Der moderne Staat 2/09, S. 455-477.

Rehm, Hannes/Matern-Rehm, Sigrid 2010: Kommunalfinanzen, Wiesbaden.

Rein, Sabine 2007: Die Politik des Personalabbaus – Eine Untersuchung zu den Phasen, Akteuren und Instrumenten der Personalreduzierung im Land Berlin in den Jahren 1992 bis 2001, Berlin.

Roth, Roland 2007: Bürgerorientierung, Bürgerengagement, Corporate Citizenship, in: Sinning, Heidi (Hrsg.): Stadtmanagement – Strategien zur Modernisierung der Stadt (-Region), Dortmund: 132-143.

Rügemer, Werner 2008: „Heuschrecken“ im öffentlichen Raum – Public Private Partnership, Bielefeld.

Rupp, Klaus-Rainer 2003: Beteiligungshaushalt als linke Alternative zur „Bürgerkommune“. in: UTOPIE kreativ 12/03, S. 1126-1131.

Schmidt, Manfred G. 2007: Das politische System Deutschlands – Institutionen, Willensbildung und Politikfelder, München.

Schuppert, Gunnar Folke/Rossi, Matthias 2006: Bausteine eines bundesstaatlichen Haushaltsnotlagenregimes – Zugleich ein Beitrag zur Governance der Finanzbeziehungen im Bundesstaat, Hertie School of Governance 3/06, Berlin.

Schwarting, Gunnar 2005: Einige Gedanken zur fiskalischen Disziplin kommunaler Gebietskörperschaften in Deutschland, in: Genser, Bernd (Hg.): Haushaltspolitik und öffentliche Verschuldung, Berlin, S. 131-169.

Schwarting, Gunnar 2006: Haushaltskonsolidierung in Kommunen. 2. Aufl., Berlin.

Schwarting, Gunnar 2010: Den kommunalen Haushaltsplan richtig lesen und verstehen. 4. Aufl., Berlin.

Seils, Eric 2004: Finanzpolitik und Arbeitsmarkt in den Niederlanden, Wiesbaden.

SVR 2009: Jahresgutachten 2009/2010, Berlin.

Städtetag NRW 2009: Gemeindefinanzbericht 2009 des Städtetages Nordrhein-Westfalen – Haushaltsnotlage als Normalfall, in: Eildienst 11/09.

Timm-Arnold, Klaus-Peter 2010: Bürgermeister und Parteien in der kommunalen Haushaltspolitik. Diss., Hagen.

Wagschal, Uwe 2002: Verfassungsbarrieren als Grenzen der Staatstätigkeit, in: Swiss Political Science Review 1/02, S. 51-78.

Wagschal, Uwe 2005: Steuerpolitik und Steuerreform im internationalen Vergleich – Eine Analyse der Ursachen und Blockaden, Münster.

Wagschal, Uwe 2006: Erfolgreiche Budgetkonsolidierung im internationalen Vergleich, Bertelsmann Stiftung, Gütersloh.

Wagschal, Uwe/Wintermann, Ole/Petersen, Thieß 2009: Konsolidierungsstrategien der Bundesländer, Gütersloh.

Walk, Heike 2008: Partizipative Governance – Beteiligungsformen und Beteiligungsrechte im Mehrebenensystem der Klimapolitik, Wiesbaden.

Wenzelburger, Georg 2009: Haushaltskonsolidierung und Reformprozesse – Determinanten, Konsolidierungsprofile und Reformstrategien in der Analyse, Diss., Heidelberg.

Winkler-Haupt, Uwe 1988: Gemeindeordnung und Politikfolgen, München.

Zohlnhöfer, Reimut/Schmidt, Manfred G. 2006: Regieren in der Bundesrepublik Deutschland – eine Bilanz, in: Schmidt, Manfred G./Zohlnhöfer, Reimut (Hg.): Regieren in der Bundesrepublik Deutschland, Wiesbaden, S. 513-525.

Verzeichnis der Abbildungen und Tabellen